スタートライン
現代社会の諸相
――社会学の視点

久門道利＋小原昌穹＋齊藤幹雄＋杉座秀親
石川秀志＋宮島直丈＋菊池真弓
著

弘文堂

はじめに

本書は「スタートライン」シリーズの一冊として、高等教育機関で、これから初めて「社会学」や「現代社会」関係の科目を学ぶ、あるいは学びなおしてみようとされる学生のみなさんのためにお役に立てる本として出版を企画しました。

社会学はこれまで多くの学生さんに、非常に難解な学問として敬遠されてきた感があります。その理由はあまりにも多い人名とその理論・専門用語の難解さにあったのではないか、と思います。

社会学が初めて日本に紹介されたのは明治13（1880）年のことです。それから118年もの歳月が過ぎ去りました。日本の社会もその間、いろいろ紆余曲折がありましたが、社会学も日本の社会同様、これまで順風満帆とはいきませんでした。しかし、戦後のわが国の社会復興同様、社会学はめざましい発展をとげてきました。その社会学の成果をもとに、近年、わが国の社会のゆがみを直視するために、社会が抱える核心的な社会問題を取り上げ、社会学の視点から総合的アプローチを行い、その問題性を明らかにし、科学的研究や対応ができる道筋をつくることを本書執筆の第一の心がけにしました。

第二の心がけは、難解な社会学理論・専門用語の軽減に努めたことです。入門書を読むとき一番やっかいなのがこの点だからです。

第三に心がけた点は、それぞれの領域を理解しやすいようにコンパクトに書くということです。多くの学生さんは将来社会学の専門家になるわけでなく、社会学の考え方、ものの見方を学ぶことが主眼だからです。現実の社会では細やかな専門的知識よりもどのように考えられるか、どのように見ることができるかが求められるのです。当然、常識的な発想、見方、考え方もできる必要があります。執筆者には、社会学の考え方、見方に力点をおいて執筆してもらいました。

社会学のスタートラインに立たれた学生さんへのお願いがあります。それは執筆者が本書で取り上げた問題ごとに、いずれも独自の観点から明確な個性的な分析になっている点を利用して、ここから多様で示唆に富んだ有益なアドバイスを獲得していただきたいということです。

また、最初に書きましたが社会学がわが国に紹介されて118年経過しましたが、諸外国に比べわが国ではこれまで社会学が積み重ねてきた知見が質・量ともに勝るとも劣らぬものを誇りながら、諸外国ほど社会政策をはじめとする社会的利用がなされていないということであります。専門家の努力不足が最大の原因であることは論を待つまでもないのですが、読者の方々の実社会における社会学の知見の利用が最大の功となると私どもは信じておりますので、よろしくお願いしたいと存じます。

最後になりましたが、互いに遠く離れた執筆者を励まして、遅れがちな執筆を寛容な姿勢で励まして、出版までこぎつけて下さった弘文堂編集部の世古宏氏に心から深く御礼を申し上げます。

2008年３月

執筆者を代表して　　久 門 道 利

目次

第 2 章

集団・組織の転回　27

齊藤幹雄

第 3 章

家族問題の変容とその対応　57

久門道利

第 4 章

「地域」イメージと現実環境　81

宮島直丈

第 5 章

日常社会におけるジェンダー　105

菊池真弓

第 9 章

社会システムの構造と変動 199

小原昌穹

第 10 章

社会学の課題と歴史 221

石川秀志

序章

現代社会の諸相を読み解くために

久門道利

1　現代社会は“いかなる社会か”

21世紀は、激動が予測される社会だといわれている。この時代・社会を“いかに生きていくか”が、老若男女に関わらず、いま重要なこととして問われている。それはとりもなおさず、現代社会に生きる人々にとって現代社会が“いかなる社会なのか”という認識があってのことなのである。

しかし、現代社会がいかなる社会なのかと問われても、それに答えられる人はそんなに多くはいないであろう。なぜなら現代社会は、急速に情報化、国際化、高齢化、経済のグローバル化などが本格的に進展したため、これまでの旧い社会秩序は崩壊し、新しい社会秩序がいまだ充分確立していないために混沌化・複雑化した社会になっている。そうした社会がさらに次から次へと新たにさまざまな社会問題を生み出し、一層混沌化・複雑化した社会に向かう一方で、自分のことにしか関心がない人々が多くなってきたからである。これは個人主義化の進展でもあり、このことが人間の絆の喪失、すなわち社会的不平等の拡大につながる危険性をはらんでいる。

しかし、そんなに混沌化・複雑化した社会を充分知らなくても人々の日常生活には何ら支障はないという考え方もあるが、人間は社会的動物であり、社会的な存在であるゆえに、自己がおかれ、生きている社会がどのような社会であるのかを知る必要性がある。なぜなら、人は社会に生まれ、社会のなかで成長するという社会化（socialization）の過程があるからである。ゆえに、人は社会によってつくられるといっても過言ではない。勿論のことながら、人には“育ち”ということがあることも承知しなければならない。

確かに、社会は人間がより良く生きるためにつくったものであるが、一度できた社会は制度や規範といった文化を持ち、その文化が社会を維持するために社会を構成する人々、諸々の集団・組織を規制すると同時に、その社会に生まれてきた者を、その社会に適応させるために長い社会化を行うのである。この社会化は、その社会に生まれた者、あるいは、その社会に他の社会から来て、生きていく者がその社会の文化的諸要素を身につけ、さらに内面化させて、社会の一員としてふさわしい行動様式や価値観が持てるようにしていく過程をいうのである。この社会化の役割を担うのは、家族や学校を始めとする諸々の集団である。社会化される文化的諸要素には、制度、知識、技術・技能、価値、動機、行動パターンなどがある。そうした文化的諸要素を身につけ、パーソナリティに内面化しなければその社会から排除や場合によっては迫害を受け、その社会で生きることが困難になる。

パスカルの“人間は考える葦である”という言葉があるが、現代社会は変動の時代・社会であるだけに、人々は社会をそのまま維持するにはどのようにすれば維持が可能なのか、変革の場合はどのような変革が必要なのかを考えなければならない。その意味でも現代社会がいかなる社会なのかを認識することは大切なことなのである。

行動科学によれば、人間の行動は、知識（knowledge）にもとづき態度（attitude）を決定し、実践（practice）に向かうのであるが、そのためにも現代社会についての豊富な知識が求められるのである。

2　社会学の総合的アプローチの必要性

混沌化・複雑化した現代社会を読み解くためには、社会学の総合的なアプローチが求められるのである。では何故、社会学の総合的なアプローチが必要なのかというと、人は家族の一員であると同時に、地域社会、職場、学校、友人仲間、など、同時に多くの集団に所属し、それぞれの集団・組織・社会で各々に地位と役割を担い、共同生活を行っている。そのために、その一部を欠いては社会生活の実体が把握できないからである。また、総合的なアプローチは社会学の特性といってもいいもので、他の社会科学、たとえば経済学や政治学には見られない。経済学や政治学がそれぞれ経済、政治という固有の研究対象を持つのに対し、社会学の研究対象は社会であり、その範囲は広く、まさにありとあらゆる地域社会、集団・組織などが含まれ、そこに起こる社会現象、たとえば、法律、経済・産業・労働、政治、教育、宗教、マス・コミ、犯罪・虐待、福祉・医療、余暇、など、ありとあらゆることすべての社会現象が社会学の研究対象とされるし、それらが相互に関係しあって複雑な様相を示す。そのために、現代社会の諸相を知るには、社会学の視点にたった総合的アプローチが必要なのである。

社会学は、そうした方法をとることができることで、社会現象を包括的かつ原理的に把握することができるという特性を持つのが特徴といえる。

3 社会問題へのアプローチの意義

そこで本書では、さまざまな領域（第１章：社会化、第２章：集団・組織、第３章：家族、第４章：地域社会、第５章：ジェンダー、第６章：職業・労働、第７章：消費文化・社会的不平等、第８章：社会福祉、第９章：社会システム、第10章：社会学の課題と歴史）から現代社会がどのような諸相を示しているのかを考察した。そして、それぞれの領域にどのような現代的・今日的な問題が横たわっているのかをとりあげ、そしてその問題へのアプローチを試みた。結果、それぞれの領域で現れる表層的な問題は違っても、問題の根茎は社会基盤の中で繋がっていることが解った。その理由は、社会問題は社会みずからが生み出す問題だからである。

社会問題への取り組みでは、その社会で生活する人々の合意を如何に得ることができるか、が重要な鍵となる。社会的合意を得るためには社会のあり方や出来事に対して疑問を感じ、その疑問を科学的に解明し、その成果を社会に還元することである。問題意識を科学的方法で検証できれば、問題解決の方途も探れると同時に、人々の社会の認識が深まり、また、当該社会への関心も高まるのである。

現代社会に起きている現象は、変化という日本語の語彙よりも激しく、ダイナミックな社会の変化を社会学では社会変動と表現している。勿論、社会現象にはミクロなレヴェルのものからマクロなレヴェルのものまである。

社会変動は、都市化や産業化などさまざまな要因から生じるが、社会変動が一度生じるとその影響が人々の全生活に現れる。なぜなら社会変動は、人々がこれまで長い間培ってきた生活のあり方を大きく変えることを余儀なくされるからである。社会は常に変わるが、その変わり方がダイナミックであればあるほど大きな問題を生起させ、社会システムがそれと密接に連動し、対応する形で変化していけば問題はないがどうしても社会システムの整備は社会の変動に遅れてしまう。

社会問題への対応を考える場合には、多様な社会問題を全て取りあげることは困難で、社会学の諸領域でどのような事象が問題になっているか、その代表的な問題について、本書では社会学の諸分野からその動向を踏まえてアプローチした。

アプローチに際しては、本書を通じて幾つかのキー・ワードを用意し、そのキー・ワードは、少子化、高齢化、階層化、ネットワーク化、個別化、関係性および社会問題である。それらのキー・ワードをベースに論じることをこころがけた。どこまで意図が完遂できたかは読者の判断にゆだねたい。

【引用・参考文献】

●久門道利「変わりゆく家族」『スタートライン社会学』弘文堂，2005.
●関清秀『現代社会の新社会学』専門教育出版，1992.
●富永健一『社会学講義』中公新書，1995.
●ドーア，R.『21世紀は個人主義の時代か』加藤幹雄訳，サイマル出版会，1991.
●中野秀一郎編『ソシオロジーの事始め』有斐閣ブックス，1990.

第　1　章

社会化と物語

杉座秀親

1

私たちはこの世界に誕生した。
あたりまえのことではあるが、私たちはそれぞれに自分の身体をもち、
他者との関係をもち、またある地域社会のなかで、
そして生涯をある歴史の時間のなかで生きる。
私たちはただ生きるのではなく、社会の一員となって生きる。
そのために学習する過程のことを社会化という。
まず、社会化のプロセスを学ぶ。

2

社会化は生涯にわたっておこなわれる。
これが二次的社会化あるいは再社会化といわれる。
激変しつつある現代社会では、社会化のモデルはない。
また階層分化、エスニシティ、ジェンダーという現実が障害となって、
理想の生活に到達することを困難にしている。
社会化は人それぞれに独自の社会的不平等を学習する過程でもある。
これらの用語を説明しながら、社会的不平等をつくり出す現実をみてみよう。

3

私たちは人生のいたるところで「理想と現実のへだたり」を感じる。
機会の均等が保証されているとはいえ、自由な生き方を選択し、
努力さえすれば、確実に自己実現に到達するとは限らない時代を生きている。
社会的不平等をつくり出す装置として、
教育とマスメディアをとりあげる。

1 社会化のしくみ

A.「ほんとうの自分」はどこにいるのか

人が誕生するときに約束されていることがある。それは、ある地域社会のなかで、自分の身体をなかだちとして他者とともに生活することであり、生物学的に成長し、成熟し、終わりをむかえる、ということだ。地域社会という空間と身体の時間的変化のなかで、人はどのようにして同一性とその連続性をもとにしてなりたつ「ほんとうの自分」であるという感覚をもつようになるのだろうか。

20世紀の初頭まで、犯罪や貧困、精神的な欠陥など、人間の行動を説明する役割は遺伝学であった。細胞核の中の染色体にふくまれる遺伝子が子孫に伝えられ、社会問題を発生させるという学説である。遺伝はやがて優生学と結びつき、遺伝的劣性の理論はナチスドイツのユダヤ民族にたいするゲルマン民族の優越性を根拠として、大量虐殺にまで利用された。遺伝による説明は、ふたたび流行している。自然科学技術の発達で、内気さや知能、攻撃性、肥満、などのような身心にかんする性質は、ヒトゲノムの解読で、遺伝学でいうDNAという物質によって部分的には遺伝によると認められるといわれる。DNAは人それぞれに固有のものである。しかし、それだけでアイデンティティのすべては説明できない。

次に「心の時代」ともいわれる現代では、心理学的なものの見方が勢力をもち、家庭のトラブルや非行を親子関係に帰す傾向にある。たとえば不登校という社会現象の原因は、しばしば当人の責任感や意欲のなさと、それを放置した親にあるとする自己責任論にあるという。この説明のし方によれば、カウンセラーが強い説得力をもち、聞く者を納得させることができるとき、不登校の問題は解消するのである。このように家族問題の原因を親子関係に帰属させる説明をもって、人々にアピールしている「心理学化」あるいは「心理学化の時代」（大村・野口編：2000）が現代社会を解読する手法である。こうしたブームが、社会的現実の解明にいかに影響しているかについても注意を払わなければならない。

この背景には、第三次産業就業人口が突出する産業構造の変容によって人間関係に細心の注意を払うことを求められていることと、個人の自由な選択を認めつつ、選択の結果を自己責任にするという個人化の考え方がある。限界をこえて自己責任を果たすためにも、つねに自己点検をおこたらず、軌道修正をする、「強い自己」がもとめられる。したがって「強者」と「弱者」に二分される社会を生きていく自分を納得させる方法が必要となる。このように「心の時代」は、その原因を最終的に個人に帰す。

「自分とは何者か」、1990年代にこの問に答える立場として、ナラティーブ・セラピーという説明のしかたが台頭した。この手法はセラピスト（療法士）とクライエント（その福祉を受ける人）の「共同」性を重視する。これによれば言語をはじめとするすべての表現は個人の心のなかでうまれるのではなく、人と人との関係によってつくりあげられる。次いで過去は今ここにない時間だから、人間関係を維持するためには、自分を未来に開くことである。開く時間の過程で、過去は変わる。だからつねに自分（たち）の理解のし方を反省することを、欠かすことができない。もう一つは「物語としての自己」という立場をとりながら、アイデンティティを構成していくことである。物語とは、誕生からの過去を語ることによって、自分のアイデンティティを確認することである。それは「自己の物語」(self-narrative) を語り続けることによって、過去を更新し、再構成していく作業でもある。こうして、現実は自己と他者の共同の作業をとおして過去を更新および維持していくことで理解される。このように他者と関係しながら共同で自己を構成していく方法を、社会構成(構築) 主義 (social constructionism) という。「ほんとうの自分」は遺伝子のなかにも、心のなかにもいる。ここでは自己は他者との関係のなかで発生し、構成され、解体されるという流れのなかにある、というとらえかたをしよう。

それでは、自己の物語がつくりだされる、自己形成の過程、望ましい目的への道を阻む要因、そしてそれを再生産する制度をみていこう。

2　自分 (自己self) をつくる

A．反省的知性

社会の成員となるためにもっとも重要なことは、自我 (自己) の発達である。発達とは、ある人が他の人と区別されるその人独自の変化の過程を意味しており、それは時間の系列のなかで自我を形成することを示している。人はみずから行動する源泉であると同時に受け身の対象でもある。つまりある人が、特定の誰かとさまざまな動作をしながら話しているとき、その動作とおなじ内容を自分にも話しているのである。自分は主体であると同時に客体であることを認識する。これが反省的知性（reflective intelligence）（ミード：1995）である。その基盤をなしているものは、無意識のうちにあるいは意識的であるにせよ、言語の働きである。反省的知性は、役割取得（role taking）の中心的な概念をなしている。社会の一員となるために学習する過程である社会化は、役割取得をもとにして展開されていくので、役割取得の概念は社会化そのものといえる。

B．「私」になる過程（社会化）

［1］クーリーの鏡像自我

私たちの眼は、身体を動かすことによってみようと思う対象をほとんど知覚できる。しかし、自分の眼で自分の身体のすべてをみることはできない。たとえば人は自分の顔の全体をみることができない。それゆえ私たちは「鏡に映った自分」をみて、自分の顔を知ることになる。鏡という他者に私の姿を映し、自分がどのように映っているか鏡（他者）に教えてもらう（評価される）。それに対して自分の感情がうまれる（評価する）。クーリー（Charles Horton Cooley）は、この過程を鏡像自我（looking-glass self）といった（Cooley：1902）。それは、子どもが遊具や食器など身のまわりにあるモノにつけられた名称をおぼえる過程である。大人がモノの名前を呼び、そしてそれにふさわしい使い方をしているから、子どもも模倣し意味をおぼえる。おぼえるというよりも、他者に教えてもらうのである。子どもは、自分が誰であるかということを、名前をよばれることによって、知るのとおなじである。

［2］ミードの役割取得

このように、子どもは言葉を話す前に、他者の言語を理解する方法を学習する。次に、言語をおぼえた子どもが対面的な状況で相手とコミュニケーションをとる場面を出発点にしよう。子どもが親に何かをねだるとき（発端となる身振り会話）、自分の発言を受け入れたり拒否したりする親の反応をみる。このとき、子どもは親の伝えようとする意味を共有しようとする。この過程をとおして、子どもは記号として意味をもつ象徴すなわち有意味シンボルを使用できるようになる。そして親が子どもの要求を受容あるいは拒否するとき、子どもは親の立場に自分をおき、それによって親の役割（反応としての身振り会話）を理解する。反省的知性が記号構成の基底をなしていることがわかる。反省は記号過程であり、両者は切り離すことのできない関係にある。この過程は役割取得といわれる。

ミードによれば、役割取得の過程は、子どもの言語を習得する遊び（play）の段階にみられるという。遊びの段階でできることは、相手の見とおし（perspective）を獲得することにある。言語による反省的ないしは認知的な自己が未発達な幼児には、自分とは異なる相手の立場からみた自分を理解できない。ある行動が、その状況の範囲をこえて人びとに受け入れられることを知らない。ただ遊びのなかで、まとまりのない役割の取得をしているだけである。次のゲーム（game）の段階になると、それが自己統制（self control）という形式であらわれる。たとえば野球やサッカーのような集団でするゲームでは、組織された集団同士が戦い、勝敗を決するという明確な目標がある。その場はゲームのルールの支配のもとで組織化された役割のネットワークの一部に自分がいることを自覚しなければゲームに参加できない。ゲームが続いているあいだ、チームの目標に自分を適応させなければならない。

そのためにも、あるゲームの場面について所属するチームの仲間と敵対するチームの成員の行動を予想しなければならない。進行するゲームを記憶し、あらゆる状況に対応する組織化された自分（Me）と、記憶や状況を調べなおしそこから新しい行動を組み立てる自分（I）が分離しないまま自己を構成している。

このように集団の見とおしをイメージする能力は、自我の発達におけるゲームの段階を特徴づける。社会的行動とは、一人の他者の要求に反応するだけでなく、コミュニティ（集団）や社会全体の要求にも反応することである。社会の見とおしと構成的価値、たとえば野球のゲームや進行過程における全体にたいする私の行動は、さまざまな状況のなかでの役割取得をとおして他者たちの反応の合成物、つまり一般化された他者（generalized others）の取得としてあらわれる。役割取得は、反省的知性を表現するもう一つの方法なのである。そして反省的知性には、「反省対象しかみえず、〔反省している〕それ自身をみることはけっしてできない〔 〕は筆者注」（ワイリー：1999）という側面がある。ミードの役割取得によれば、自己は基本的には他者によって決定されるという立場にいきつく。他者の自分に対する見方を抜きにしては、自己についての考え方をもち得ないことになる。

［3］言語と自己

ミードの役割取得における有意味シンボルを共有するという側面からだけでなく、言語は現実と完全に対応するものではないという考え方をとりいれるならば、人々がある対象物に名称をつけるとき、名称はその対象物の属性や機能のすべてをあらわす。人につける固有の名前は、その人の性別、身体的特徴、家族関係などのさまざまな特性を意味する。言語が現実を完全に反映できないということは、言語に代表されるシンボル（意味内容）が自己と他者との関係のなかに固定したものではなく、自然的、社会的対象を構成（構築）するものであるということだ。つまりシンボルが現実の何かと対応する（たとえばあるモノを机と指示する）だけではなく、シンボルが現実を構成するという視点をみちびく。つまりここでは、自己は「自己を位置づけるさまざまな語彙や役割、物語などのシンボルをとおして語られ定義づけられることによって構築されしたがって自己のあり方は歴史的文化的に相対的」に存在するという見方ができる（片桐：2003）。先にものべたように、私たちのアイデンティティは、他者と交わすシンボルによって構成され、解体され、再構成される、このサイクルをくりかえしているのである。

C．再社会化とライフコース

社会化は児童期だけで終わるのではない。変化し続ける現代社会にあっては、新たな規範や価値、期待が児童期のみならず、成人した後にもその対応をせまる。したがって成人社会化（adult socialization）が注目される。社会化は生涯をとおして続くので、加齢におうじて役割も変化する。それだけではなく、就職や結婚などの人生の出来事は、それを経験する個人の年齢、生きている時代や場所によって異なるとすれば、その人独自の人生を形成することになる。これがライフコースである。たとえば家族をつくる目的は、結婚して子どもをつくり、子育てをすることである。やがて子どもは成人し、パートナーの一方の死によって家族は終焉する。このような家族のサイクルを描くことは、現在では相対化されている。離婚という出来事は、それまでの家族のあいだで構築した規範や価値あるいは期待されていたことを棄てることであり、生活そのものを変え、新たな生活を学習することを意味する。このプロセスは再社会化ともといわれる。

再社会化は、強制的でそのプロセスも広範囲にわたっている。ゴッフマン（Erving Goffman）はその例を、刑務所や精神病院などにみて、日常生活から隔離され、規則的に管理された生活を強いられる場を、全制的施設（total institutions）といった。そこではすでに構築された社会化の経験は棄てられなければならず、新しい集団の利害関係を受け入れるように仕向けられる。

その過程で人は全制的施設のイデオロギーと自らを同一視することを学習する。サラリーマンが解雇をまぬかれるために会社と自分を同一視していく過程も、ゆるやかな意味で、全制的施設のなかでおこなわれる社会化と類似している。再社会化で引き合いにだされる雇用問題は、離・転職や配置転換などにともなう価値観の変更を学習する過程である。しかし、日本の高度経済成長の進行は、企業の内部結合の強化をはかりながら、資本の集積や資本の集中によって規模を拡大した。それによって「サラリーマンの時間とエネルギーのすべてを会社が独占し、サラリーマンを地域や家庭から引きはなそうと」して（立花：2000）、「会社人間」像をつくりあげた。会社人間は地域社会の解体や家族の崩壊と表裏の関係にあるので、その勤務形態への批判も強い。しかし市場メカニズムの猛威にさらされた日本的経営が、従業員の再社会化を模索したはてにたどりついた経営システムでもある。

3 不平等のなかでつくられる「私」

社会化は真空のなかで進むのではない。また学校で学ぶ職業教育と現実の場で働くことのあいだには、隔たりがある。所属する階層、民族、ジェンダーなどはアイデンティティの形成に重要な意味をもっている。経済的にゆとりのある家庭で生育したかどうか、あるいは支配的な多数派をしめる集団のなかで少数派でなかったかどうか、また男か女かどちらの性に生まれたか。社会化にとってこれらの要素は、その人の人生を決めてしまいかねないのである。

A．社会階層

階層は財産、職業や所得および学歴が類似している層をさす。階層は類似した社会的地位を有する人の層であり、また大差のない社会的資源をもっている。こういう層は、地層にたとえられ段階的に配置されている。つまり社会的資源の分配は、段階的に配列されている。このように段階的に配置ないし配列された階層構造の全体を社会階層という。階層間では、資源が均等に配分されないので、社会階層をとりあげることは、社会的不平等を考えることでもある。

ところで階層を決定する強力な要因は職業である。職業は社会的地位を示すからだ。地位は、役割を果たすために期待されている知能、容貌、体力などの個人的特性、地位にともなう役割遂行に不可欠な訓練による技術、および能力、そしてそれが社会全体に与える帰結または効果力、によってランクされる（テューミン：1969）。

ポール・ウィリス（Paul Willis）はその著作、『ハマータウンの野郎ども』（ウィリス：1996）のなかで、学校文化に反抗しながら義務教育を終えて職業選択する「野郎ども」にインタビュー調査をし、そのうちの一人から、こんな答えを引き出している。

「どんな仕事も変わりないね。いや、それりゃ言いすぎかな。どの仕事も同じっていうことはできないもんな。いろいろな職業があるからさ。医者の仕事もありゃ弁護士の仕事もあるし。でもさ、金をかせぎ出さなきゃなんないという点では同じことなんだ。稼ぎ人ということじゃ、仕事はみんな同じなんだよ。いろいろな違いがあるっていうのはうそさ。同じこと。ただ室内の仕事もありゃ戸外の仕事もあるってだけさ。」

人は生計を立てるために仕事に就く。そしてそれが自分の個性を十分発揮させ、仕事のうえで社会的に役割を果たしていると感じるとき、充実した職業意識をもつであろう。たしかに「金を稼ぐ」という点ではどの仕事も同じである。しかし多種多様な仕事には、それに就くために長い時間をかけて訓練や教育を受けること、またその能力があること、くわえて経済的に余力がなければ取得できない資格がある。しかし「野郎ども」には、医者や弁護士と「市役所の現業職場にいって二時間で決められる」仕事のあいだにある、職業を序列づけている職業評価（evaluation of occupations）は見えない。しかし職業的地位は社会的地位を評価する変数のひとつなので、職業を比べることによって人から尊重され、価値があるとされる身辺のせまいレベルから、収入や権力という客観的な指標にいたるとき、専門職はただ「金を稼ぐ」だけではないのである。社会的地位は人生観や社会観、余暇の過ごし方やマナーなどの「生活ぶり」とでもいう職業的文化（occupational culture）や仕事の面白さや充足としてあらわれる職業的アイデンティティと関連している。学歴や職業、それにともなう収入や生活程度を共通にいだく階層を階層意識というが、現実にはこれが多様化して階層分化している。このように、どの階層において社会化するかということは、将来の目標の達成と深く関連している。また世代間の生活程度にも階層分化は反映され、そして再生産される傾向も無視できない。

B．エスニシティ

エスニシティとは、民族、部族、民族集団と関連するが、共有されたアイデンティティでつながった民族集団をさすようである。またエスニシティックな集団は人種もふくむが、人種よりはせまい集団をさす。民族集団は、国民国家の枠組みのなかで、共通の出自と共通の文化（民族集団独自の生活のし方）を基盤とし、民族集団のもつ宗教集団のなかに誕生し、同じ言語を用いる、という客観的要素をもつ。しかし、アメリカに居住してヘブライ語を話せないユダヤ人が、ユダヤ人であるという帰属意識（主観的アイデンティティ）を共有しているように、観念による結束が社会化にとって重要なのである。ポーランド出身でイギリスに移住したバウマン（Zygmunt Bauman）は、自らのアイデンティティ・クライシスの体験をこう語っている（バウマン：2007）。

事実の問題として、また、〔私は〕何らの自己分析も打算もなく、ときがくればワルシャワ大学を退職し、ワルシャワの共同墓地に埋葬されるものだと考えていたのだと思います。ところが1968年３月*以降、私は、周囲のすべての人々から自分を定義するよう求められるようになり、（中略）自分のアイデンティティに関して検討を加え（中略）というのも、私がいったん「生まれながらの住処《すみか》」を離れて移動を始めると、私が完全に溶け込めるような場所は存在しないからです。 〔 〕は筆者注

＊1968年当時、まだ一党支配だった政府は、カトリック教会と対立し、また民主勢力への弾圧を反ユダヤ主義のもとで強めた。検閲を強化したため、首都ワルシャワで自由を求める学生運動がおこり、学生とそれを支持した知識人（バウマンもその一人）がそれに抗議した。

ここでは所属する国家で人生を終えることを疑わなかった知識人が、1968年３月をきっかけに、国民国家という支配的集団の枠から、下位集団に強制的に隔離され、そこからアイデンティティの再構築に苦悩する自己意識のゆらぎをたどることができる。「国民は〔イメージとして心の中に〕想像されたものである」（アンダーソン：1987）というとき、すべての国民と直接会うことなど不可能であるにもかかわらず、共通の言語を用いているゆえに相互行為的状況を想定できるという自明さにささえられている自分がいる。したがって刷り込まれた自国語以外の言語を他国で読み書きする過程は、国民をやめることであり、異邦の立場に追いやられることであ

る。それゆえエスニックの社会化は、ユダヤ人の強い結束にみられるように、自分の文化の起源に価値を求めてやまないのである。しかしアイデンティティを保証してくれた国民国家の概念がゆらぎ、グローバル化によって流動する現代社会では、「違いがありながら（あるにもかかわらず）どう一体性を保ち、一体性を保ちながら（あるにもかかわらず）どう差異を維持するか」（傍点はバウマンの前掲訳書）という、「私」の存在証明の模索が誰にも分けへだてなく続くであろう。自由と安定をもとめながら、しかも両者のあいだで絶えず分裂していく感覚に拘束され、「消費されるアイデンティティ」を構築することは可能だろうか。

C．ジェンダー

世の中には女性と男性という二つの性がある。第５章でも述べられるように、どちらかの性に生まれて性別に社会化されることは、文化であきらかになっており、人々によっても期待されている。「性」（sex）は生物学的な「オス」と「メス」に分類するときに用いられ、ジェンダー（gender）は、心理的にあるいは社会的、文化的な視点にたったとき、男性性と女性性、つまり男らしさと女らしさを意味する用語である。日本のホテルや公衆トイレの標識をみると、青色や黒色は男性をあらわし、赤やピンクは女性をあらわしている。この色彩の差異の根拠となる基準の由来はどこにあるのだろうか。人々はたいして疑いもなく、この差異を受け入れている。またヨーロッパには、悪魔から守るために男の赤子には青色の、女の赤子には赤の衣服を着せる慣わしがある。男性性と女性性を識別するために、ふだん気にとめることもないような色彩で表示する方法は、わかりやすい目印であるとともに、色彩そのものも歴史性をもち文化のなかに意味をもって沈殿していることを示している。通常の男性と女性の対応ないし対比の関係は、精神と物質、動的と静的、移り気と堅実、播種と実り、個別化と同一化、目的のある伝達と自然な伝達、と分類されてきた（フリース：1984）。このような対応関係から想像される経験や行動の違いは、両性のあいだの生物学的な違いからみちびかれたものではないのである。

ジェンダーの社会化は誕生したときからはじまる。子どもにとっては、両親がはじめてジェンダーの情報源となる。両親は子どもであることをあたりまえとして、息子と娘の性の違いに接するからだ。さらにテレビ、読書や学校からやってくるメッセージなどは、期待されるジェンダーのタイプを教えたり、強制したりするだけではなく、自己の性にたいしていだくイメージに決定的な影響をあたえる。

男女の対応関係にみられたように、両性は彼らの所属する文化のなかで正当化された不平等として、ジェンダーという性差の型にはめられ、意識を形成する。色彩や服装、言葉づかいやマナーといった身体の差異からはじまり、男女雇用機会均等法（1986年施行）と、それにともなうセクシャルハラスメントの防止対策などの法律、高等教育になるほど女性教員が少なくなる現状や女生徒よりも自立性や主導権という高い自尊心を期待される男生徒などの教育、管理職の数で男性が女性を上回る職業などの社会制度にいたるまで、男性によって支配されている社会では、女性は劣位におかれる。これをセクシズム（sexism）（性差別主義）という。

4 社会的不平等と社会制度

A. 教　育

現代の産業社会の社会制度は綻びをみせているといわれる。しかし社会化にとっては家族の次に通過する教育制度が強力な装置となっている。地域社会に特有のアイデンティティを保証してくれる通過儀礼が意味を失ってしまった現在、若者の社会化は学校でおこなわれるといってよい。家庭教育で個性化された子どもは、学校教育では非人間的な扱いにおきかえられる。小学校から高校まで、ほとんどの子どもたちは学校にいる。学校の制度以外に子どもに社会的成長をうながす制度はないからだ。

学生が社会に出てさまざまな職業に就くために必要な読み書き能力の技術を初歩から教えることが学校の役割であるにもかかわらず、社会的、政治的、経済的な価値を教えることも重要なこととみなされている。授業でさまざまな企業の経営方法やマーケティングの販売戦略などを学ぶことは、資本主義社会の財政の仕組みや自由な企業活動を身につけることでもある。また学生を代表する団体のメンバーを選出することは、選挙という民主主義の政治形態の入り口を学ぶことでもある。そして学校は、学生に社会の望んでいる彼らの期待の大きさを教える。

しかし学業を始めとして学生生活のすべてを完全に成し遂げることは不可能である。学年が高くなるにつれて、学生は社会にでてからゆるぎない生計を確立しようと努力する。しかし自分が努力した結果と同じくらい、「誰であるか」によって決められてしまうことに気がつく。教師は、階層分化やジェンダー、宗教などを教えながら学生の反応をみる。これによって、子どもは人や集団にはランクづけのあることを知り、ランキングされた社会での自分の位置を探さなければならないと思うようになる。校内で発生する学級崩壊、いじめ、不登校、校内暴力などの教育問題は、ランキングされた社会と無関係ではない。教育には達成度を確認するために評価がもとめられるが、評価は選別と不可分である。選別はランクづけにつながる。相対的ではあるが、世代間で高学歴を維持するためには、所得の水準が決定的な要因となる。なぜなら「経営者、管理職、専門職その他高学歴のホワイトカラー等では、教育水準の維持のためのさまざまな戦略がとられるようになるだろうと考えられ、それを通して地位の維持、すなわち再生産が図られるようになる」(宮島：1999) と予想されているからである。再生産が現実のものとなって格差が固定する傾向を示せば、階層分化した一つの階層に属する人が、個人的に階層を上方に垂直移動させることや、世代間での階層を上方に垂直移動するさいに、所得や権力の格差は大きな要因となる。したがって格差は、同じ階層のなかでの移動を再生産するための社会化をうながすことになる。

B. マスメディア

マスメディアもまた教育に劣らず、社会化にとっては強力な社会制度である。カラーテレビの普及率は90%を超えており、そのうち自分専用のテレビを所有している人は40%を超えている。テレビの平均視聴時間は平均3時間39分、男子の40代以下と、女性の10代は2時間10分と短いが、土曜日は4時間3分、70歳以上では毎日5時間以上の視聴時間となっている（NHK放送文化研究所：2006）。そのほかに新聞、雑誌、ラジオ、映画などのマスメディアが現実の姿をメッセージにして伝えてくれる。メディアは、こうした報道活動や娯楽活動だけでなく、仕事を成し遂げるべき方法から、階層分化された社会のもとでの生活のし方、家族と親密な関係がそれらしく想像されることなど、教育・教養活動をとおして、現代社会で生活しているわれわれにたいして「いかにあるべきか」について、そのタイプまで提示してくれる評論活動にまでおよんでいる。

このようなメディアの諸活動は、その社会で支持されている「のぞましさ」と、それにともなう規制として機能する価値観をつくりだす。そして、それを個々人が共有することで、社会のメンバーを結びつける一貫したものの見方としての信念にまで高める。また、根拠のないいかがわしい噂を提供するという意味では神話作用をもち、また一つの犯罪の発生に対して、それを繰り返し報じることによって凶悪な犯罪が多発しているような固定的で画一的な考え方やイメージをあたえるというステレオタイプを形成し、さらには流行をつくりだす、というさまざまな機能がメッセージとして受け手に送られる。これに対して、メディアの受け手が送り手の意味を批判的に解釈し、自らの行動の指針を立てるといわれる。しかしたとえばくりかえし報道されている犯罪にかんする評論活動は、犯罪について多角的な見方を提供し、防止の対策に有用な情報となりえているであろうか。またジェンダーにかんする評論は、女性の地位の向上にどのように政策に反映されているであろうか。メディアのねらいは、むしろ「あるべき」親子の関係や女性などにかんする道徳観を個々人に期待し、現状の維持を図ってはいないだろうか。

5 複雑に組み立てられている「私」

これまでみてきたように、私たちは複雑な過程をへて社会の一員になることがわかった。自己概念は、社会階層、ジェンダー、民族集団などと自己の主観性のあいだで形成されるということである。これらには、所属する社会の権力関係が反映されている。あらゆる社会関係は拘束力をもつので、そこに権力関係を発生させる。われわれのアイデンティティは権力と主観性の関係で構築される。

次に社会化にとって重要な意味をもつ社会制度が問題解決的な状態に開かれていることで、人は生きつづけることができ、個人として存在できるのである。また人は完全に社会化されることはないので、一般化された他者に気づかないこともあるし、コミュニティの求める標準的な価値観を無視したことによって、思わぬ自分を発見することもある。あるいは他者から受け取る自分についてのさまざまな情報を否定しながら、自己概念をつくるかもしれない。いずれにしても自己形成にとって、社会的な影響は必要不可欠なのである。

しかし、いかにして私になるか、あるいはなったのか、という自己物語はいくら語っても語りつくせないのである。私とは何者であるか、あるいは何者になるか、という問いは、つねに社会の変化と関連しているからである。

【引用・参考文献】

●アンダーソン, B.『想像の共同体』白石隆・白石さやか訳, リブロポート, 1987（原著, 1991）.

●石川栄吉・梅棹忠夫・大林太良・蒲生正男・佐々木高明・祖父江孝男編『【縮刷版】文化人類学事典』弘文堂, 1994.

●ウィリス, P.『ハマータウンの野郎ども』熊沢誠・山田潤訳, ちくま学芸文庫, 1996（原著, 1977）.

●NHK放送文化研究所『放送研究と調査』2006年4月号.

●大村英昭・野口祐二編『臨床社会学のすすめ』有斐閣, 2000.

●ガーゲン, K.J.『あなたへの社会構成主義』東村知子訳, ナカニシヤ出版, 2004（原著, 1999）.

●片桐雅隆『過去と記憶の社会学―自己論からの展開』世界思想社, 2003.

●クーリー, C.H., *Human Nature And The Social Order*, Charles Scribner's Sons, 1902.

●ゴッフマン, E.『アサイラム―施設収容者の日常生活』石黒毅訳, 誠信書房, 1984（原著, 1961）.

●立花弘『日本再共同体論』現代書館, 2000.

●テューミン, M.M.『社会的成層』岡本英雄訳, 至誠堂, 1969（原著, 1964）.

●中野収・早川善治郎編『マスコミが事件を作る―情報イベントの時代』有斐閣, 1981.

●バウマン, Z.『アイデンティティ』伊藤茂訳, 日本経済評論社, 2007（原著, 2004）.

●フリース, アト・ド『イメージ・シンボル事典』山下主一郎主幹・共訳, 大修館書店, 1984（原著, 1974）.

●ミード, G.H.『精神・自我・社会』稲葉三千男・滝沢正樹・中野収訳, 青木書店, 1973：『精神・自我・社会』河村望訳, 人間の科学社, 1995（原著, 1934）.

●宮島喬『文化と不平等―社会学的アプローチ』有斐閣, 1999.

●森岡清美・塩原勉・本間康平代表編集『新社会学辞典』有斐閣, 1993.

●ワイリー, N.『自我の記号学』船倉正憲訳, 法政大学出版局, 1999（原著, 1994）.

第 2 章

集団・組織の転回

齊藤幹雄

1

社会は集団であり、同時に集団は社会でもあるが、
集団は個人と社会を媒介するものだといわれる。
個人にとって集団は、また社会にとって集団は
どんな意味をもっているのかを、まず把握する。
その上で集団の要件について触れ、
社会学の共有財産である集団の諸類型を要約する。

2

現代社会は組織社会でもあるが、組織とは何かについて学ぶ。
次いで、「社会としての集団」といった視点で
公式組織と非公式集団・組織の特徴を把握する。
また、公式集団の典型でもあり、
組織の編成原理を具現する官僚制の理念型を念頭に、
悪循環としての逆機能現象を明らかにする。

3

産業社会、都市化社会、大衆社会の側面をもつ現代社会では、
社会システムを解体するような矛盾、
個人の主体性を失わしめる諸問題が起っている。
こうした状況に社会学はどう対応してきたかを、
小集団活動とその意義を通じて考える。
すなわち、マスコミの受容過程における集団・個人の選択的反応、
生活・自治の地としてのコミュニティーの再検討、
「人間関係論」の活用をめぐる課題を掲げながら、
現代社会の諸相と方向性に関する手がかりを得ようとする。

1 社会集団の特徴と諸類型

A．社会集団の概念

[1] 個人・集団・社会

社会学における社会は、生活が営まれている場や領域としての概念であるが、その場合、大勢の人によって多様で複雑なしくみが作り上げられている。これは多くの社会は集団であると同時に、多くの集団は社会であることを示す。そうであれば、社会ないし集団はいかなる要素から構成されているのかが問われる。これは社会や集団の構造といわれるものであるが、その構成要素の単位を形態的にとらえたのが、個人および下位集団としての家族、近隣、職場集団などである。

近代社会から現代社会への進展に貫かれている本質は、機能分化にあるといっても過言ではない。生産力の増大を背景に、多様で高度な生活欲求の充足は多くの集団を派生させ、分業が発達した。さらに特定の機能を営む集団内部も機能分化し、組織化がすすんだ。

そのさまざまな集団で私たちは、好むと好まざるとにかかわらず、いろいろな人とかかわり、生活している。直接・間接に、多様な人や集団・組織を相手に、互いに影響しあいながら行動しているのである。しかしながら、そうした相互作用が限られた範囲の人たちと継続的に行われ、そこにおける結びつきが他の多くの人々と質的にも異なっている場合、集団の存在をとらえることができる。

ところで、集団は個人と社会の中間にあって、両者の橋渡しをすることは、よく知られている。では、個人にとって集団はどんな意味や役割をもっており、他方、社会にとっての集団のそれはいかなるものなのであろうか。

①まず、個人の側からみると、(ア)一人では実現できない欲求の充足や諸問題の解決を、目的を共有する人が集まることで、それを実現することができる。これは、集団において協働関係を通じた個人目標を成し遂げる手段として集団を位置づけるものである。(イ)個人は孤独・孤立を避け、他者と互いに支えあう集団帰属への欲求ないし集団生活それ自体に魅力を感じ、それに動機づけを行う自己の欲求充足の場としての意義があげられる。カートライト（Dorwin P. Cartwright）とサンダー（Alvin Frederick Zander）によれば、この集団生活充足行為には、集団活動への魅力、集団成員への魅力、集団目標への魅力があるという。多くの場合、個人の目標が明確であるほど先記(ア)の手段性が強く、仲間集団のように目標がぼやけているほど(イ)の集団生活充足が色濃くなる。(ウ)さらに、集団はその集団に属している個人を、他の集団や社会から保護し、安心感をあたえてくれる一面を有す。

とはいえ、個人にとって集団は、個人を（自由や行為）集団規範や規則などを通じて拘束したり、無理難題を課したり、人間関係にストレスを感じさせたり、不本意な扱いを与えたり、集団・組織のなかで無力感・焦燥感・歯車感を感じたりする。こうした問題があるのを見逃してはならない。

②次に、社会にとっての集団の機能には、(a)社会全体にとって必要な多くのことを、社会的分業の単位である集団がそれぞれ分担してくれる。(b)集団の価値・規範が社会全体のそれと符合する場合、個人が集団に所属し集団の活動を通して、個人を社会全体の枠組みに育成・統合する、いわば社会的統合の戦略的拠点としての価値を持つ点があげられる。

しかしながら、複雑に機能分化した社会にあって集団は、多様で高度化する個々人の欲求に対応する形で社会に寄生する集団が派生し、それが反社会的行動を行ったり、集団それ自体が既得益権を拡張して社会の発展を妨げる場合がある。また、社会的統合の戦略的拠点としての集団は、社会全体の価値・規範・道徳などに同調させる細胞と位置づけ、集団を通じて個人を監視したり、同調にそぐわない場合には集団を隔離あるいは排除することもある。

［2］組織集団の要件

これまでに集団・組織に関しては、多くの議論がなされてきた。ところが社会集団の定義はそれを論じる人の数ほどあり、一義的・明示的に定義がなされているとはいいがたい。集団を複数の人間が相互に結合する形態である、という意味では共通認識がえられるとしても、集団の概念についていま少し、社会学的用語を用いて把握しておこう。

下記に示す未組織集団を除いて、学説史的には組織集団に限定した集団を対象に研究がなされてきた。青井和夫はそうした組織集団を「２人以上の成員のあいだに共通の規範とわれわれ感情があり、ある程度安定した相互作用が継続しうるような、組織性のみられる人間の集まり」と定義していた（青井：1964）。この定義からいくつかの集団要件を最大公約数的に導き出せる。

すなわち、㋐一定期間存続する、二人以上の集まりである。但し、それは必ずしも空間的接近や同時的存在を必要としない。㋑集団を構成する人たちの間に、自分と集団をある程度まで同一視（あるいは一体化）させるほどの、共通の目標や関心が存在すること。㋒一定の役割分化にもとづく組織化が、つまり地位と役割の配分がなされていること。(エ)共通の関心を満たし共通の目標を達成するために、これらの人々の間に継続的な心的（相互行為）相互作用が生起していること。(オ)心的相互作用を通じ、互いに相手を意識するなかで成員の役割分化にもとづく組織化が行われ、その関係に相互依存作用が認められること。(カ)成員の行動や関係を規制する規範（彼らの相互作用を規制する信念や価値観を含む）が認められること。(キ)一体的な“われわれ感情”（we feeling）が育まれることを条件とする。

＊上記の構造 - 機能主義的な視角のほか、集団・組織の成立・存続の要件には、(a)集団の構成員たる資格（例えば、家族の場合の構成員は一般に血縁にもとづく）、(b)社会的資源（報酬、地位等）の配分(c)儀式、(d)コミュニケーションも担う統合のシンボルの存在、(e)集団の名前。(f)そして集団・組織の目標があげられる。

B．未組織（非組織）集団など

集団ということばは、単なる多人数の集まり、また統計上のカテゴリー（例えば、労働力人口、年収〇〇万円の所得階層、〇〇新聞の購読者等）、それから社会圏（通勤圏、商圏等）でも用いられることがある。統計上の集団には、構成員の共通性はあっても構成員が結合する組織を有しているとはいえない。また社会圏は、これを構成する成員は自らその社会圏の構成メンバーだとは考えていないから、社会集団（以下、集団groupと略す）の対象外になる。

多くの人の集合は、集団概念に包括される集団の一種ではあるが、駅の乗降客、火事場の野次馬などの群集（crowd）、そして群集とは異なる間接的な接触の集団としての公衆（public）や大衆（mass）があげられる。

群集の研究では、G.ジンメル、ガイガー等もさることながラル・ボン（Gustave Le Bon）（ル・ボン： 1993）が有名である。大勢の人間がその時・その場所で成した集合体である群集は、(ア)成員の物理的・空間的な近接性。(イ)成員間における共通の関心の存在。(ウ)一時的・流動的で持続性と安定性の欠如（関心がなくなれば消滅）。(エ)偶然の要素に左右される成員の構成。(オ)匿名性。(カ)非合理的・感情的・無責任になり、暗示にかかりやすく「群集心理」を現象し、ときには激情的エネルギーを放出する、といったことを特徴とする。

また公衆は、タルド（Jean Gabriel Tarde）（タルド： 1964）によれば新聞・雑誌など活字媒体を通じて成立し、社会・公共の諸課題に関心や意見をもち臨機応変に自己の態度を変化させていく。一見、理性的判断を行う集団であるという点で、世論の形成者として評価される。だが、合理的な思惟にもとづく近代的人間像が集合した観念としての公衆は、マスコミの発達と相まった政治的宣伝・デマゴギーが席巻する今日、民主主義の座を大衆にとって代わられた。

新しい群集として主役を演じている大衆も、群集と違って具体的な姿態を見せてくれるものではなく、概念的なものである。大衆は、大量生産・大量販売、マスメディアの発達などにより、思考・趣味・価値観などが画一化され、比較的低い水準に平均化された無定形な大量の集合である。

これら群集、大衆などは、特定の相互作用や統一的行動がみられない、つまり無定形で流動的な性格を有しているところに共通性がある。したがって、後述する基礎的集団や機能的集団とも相違するので、未（非）組織集団と呼ばれる。

C．組織集団の分類——類型学的アプローチ

通説的に組織集団には基礎的集団と機能的集団に分けられ

る。①基礎的集団は、自然発生的に成立する集団で、個人は生まれた時点から、いわば運命的にこの集団に所属する「生みこまれた社会」の集団ともいえる。人間の基礎的な生活欲求の多くが充足され、パーソナリティーの大部分がここで形成される。この基礎的集団には血縁集団（家族・親族・民族など）と、地縁的集団（集落・都市など）がある。

②一方、機能的集団は、基礎的集団から派生し、分化して生ずる集団であり、特定の（ある一定の）目的の実現をめざして、特定の社会的機能を果たすために人為的につくられた集団（「つくられた社会」）である。この機能的集団には政党・国家等の政治的集団、企業・労働組合等の経済的集団、そのほか学校・宗教団体等の文化的集団があげられる。

これまでに集団は、多くの研究者によって分類されてきた。その分類の一つは、伝統的な社会学者たちにより示されてきた方向性で、集団は社会を構成する要素あるいは部分社会と位置づけ、大きな社会における集団の基本的性格や機能に関心が払われた。集団の価値は「集団としての社会」の研究に必要な方途であった。まずはこのようなアプローチを代表する社会学者の分類を、荒削りだが触れておこう。

[1] ゲマインシャフトとゲゼルシャフト

社会関係の類型というべきかもしれないテンニース（Ferdinand Tönnies）の有名な類型は、人類社会の趨勢をゲマインシャフト（gemeinshaft・共同社会）からゲゼルシャフト（gesellshaft・利益社会）への過程としての社会変動論を織り込む。同時に、伝統的社会と近代的社会、都市と農村など対概念として社会構造を対比する形でとらえられ、現代でも広く用いられている。ゲマインシャフトとゲゼルシャフトは、結合の性質の如何・意志の形態によって分類される。

(ア)ゲマインシャフトは、全人格的結びつきを基礎とし、個人は感情、習慣や伝統、良心や信仰を共有することで内面的に結びつき、共同体に包み込まれる。互いに親しみ、愛し語らい合うといった、自然持続的で情緒的な融和の関係で結ばれた集団であり、「あらゆる分離にもかかわらず本質的には結合している」「本質意志（意志結合の自然性）」により成り立つ。信頼され、伝統が色濃い保守的な共同社会ゆえに、半面で他の社会に対し排他的・閉鎖的な性格を有す。これには血縁を紐帯として共同生活をする家族や民族、地縁による村落・地域自治体、共同の作業・管理を内容とする精神の共同体としての教会や中世都市がある（テンニース：1957）。

(イ)ゲゼルシャフトは、特定の目的をもち「選択意志（作為性）」によって結ばれた人為的・機械的・一時的なみせかけの共同生活をする集団・社会であり、それゆえ「あらゆる結合にもかかわらず本質的に分離している結合」である。そこでは、個体性を軸に共同性は二次的に合成され、互いに他者を自己の利害と目的にもとづいて手段視する打算的関係を特色とする。反対給付や返礼との交換なしには他者のためになにも与えない、あたかも「各人は一個の商人」のようにふるまうという。他の社会に対し開放的だが、利害関係に立脚した契約的関係が支配的であるので、法や規範の統制を受け、また知識や概念を頭のなかで客観的に表象する。こうしてゲゼルシャフトの構成要素を非情緒化、社会的接触の一面化、普遍主義化、業績主義化に求めるのである。ゲゼルシャフトの典型例は、企業、組合、政党、クラウ、大都市、国民国家、コスモポリタン的世界社会などがあげられる。

[2] プライマリーグループとセカンダリーグループ

実のところクーリー（Charles Horton Cooley）が提示したのはプライマリーグループ（primary group・第一次集団）であり、セカンダリー（secondary group・第二次集団）の概念は後代の学者——ヤング（Kimball Young）だとの説がある——が対置した概念である。分類の基準は、接触の度合い・頻度やその仕方を交えた社会関係による。

(ア)第一次集団は、直接的接触にもとづく成員間の親密な関係と、これにもとづく協同（intimate face to face association and cooperation）を特徴とする集団であり、家族、近隣集団、遊戯集団などが該当する。この集団の要件には、スモール・グループであり、それゆえに親密な対面的接触による結合がみられる。無意識に形成され、インフォーマルであること、成員相互の一体感が強く凝集性が高いこと、結合関係が協働に先行することが掲げられる（クーリー：1970）。

ここで注目すべきは、対象とした凝集性の高い小集団のもつ基礎的な人間形成を養う機能（幼児期の道徳的意識が成長後も持続される）であり、そしてこの集団外における社会関係を強化し、安定させる機能をもつ点である。これは、社会化の実体概念ならびに後述のインフォーマル・グループの発見とその活用に、有益な知見を提示する道筋となった。

(イ)第二次集団は、特殊な利害関係にもとづいて意図的に組織され、間接的な接触が主であり、学校、企業、組合、政党、国家などが対象となる。第二次集団は、相対的に大きな集団であり、したがって間接接触の依存度が高い。意識的に形成され、フォーマルな規約の存在が概ね認められる。成員相互の関心が特殊・部分的で、一体感が弱いこと、協働が結合関係に先行することが特色としてあげられる。

[3] コミュニティーとアソシエーション

マッキーヴァー（Robert Morrison MacIver）が示したこの分類は、地縁関係を基底に集団成立の契機、つまり成立条件が自然発生的か人為的かに着目した概念といってよい。

㈠地域共同体と称せられるマッキーヴァーのコミュニティー（community）とは、人間の共同生活が営まれている一定の地域であり、一定の地域に居住することにより、自然発生的に成立する基礎的社会集団とされる。すなわち、生活の様々な側面にわたって相互作用を及ぼしあうことによって、おのずから社会的類似性、共同の慣習・伝統・社会観念をもち、共属感情を抱き、共同の利益追求を特徴とする。いわば、共同体的感情と地域性（ある程度の地域的包括性や自足性をもつ）共同体と形容される。マッキーヴァーのコミュニティーでは、村落、都市が念頭に浮かぶが、それにとどまらない。前出の条件が揃うなら地方、国さらにはそれをこえる巨大な地域なども包括されてしまう。

㈡結社体・派生集団・機能集団と解されるアソシエーション（association）は、コミュニティーの基盤に立って共同生活を可能とするために、共通の関心を抱く人々がある目的の達成・充足するに向けて、人為的につくった組織集団を指す。言い換えれば、全体的・包括的なコミュニティーを基盤とし、その部分として特定の機能を分担するために派生的・意図的・計画的に形成された社会集団にほかならない。会社、学校、病院、娯楽施設、教会、官庁、組合、政党、国家などがアソシエーションとしてあげられる（マッキーヴァー：1975）。

＊なお以上の分類ほかには、ギディングス（Franklin Henry Giddings）による社会の形成の仕方が血縁や地縁といった自生的に発生した「社会生成

体」と、類似の目的や活動を行うために人為的につくられた「社会組成体」の区分。そして、高田保馬の自然的な直接的紐帯により結合された「基礎社会」と、類似性や利益といった派生的紐帯による人為的な社会としての「派生社会」などがあることを付記しておこう。

2 組織の動態

A. 組織のとらえ方――組織構造、組織過程

現代は組織社会でもある。それは、社会生活の多くが経営体によって担われているばかりでなく、ボールディング（Kenneth Ewart Boulding）のいう「組織革命」として、人間行動それ自体が組織の原理に左右され、従来の社会のあり方を根底から変える特徴をもった組織社会の出現を意味する（ボールディング：1972）。

組織は、成員の相互作用における地位と役割の分化・明確化・制度化による集団の構造化を意味し、特定の目標を達成するために手段の体系化と成員の拘束性を伴い、諸個人および専門分化した諸集団の活動を促し、調整するシステムと定義しておこう。この定義からは、(ア)地位と役割のシステムとしての「組織」が浮かんでくる。(イ)次に、目標達成に向けて成員が責任を分担し協力し合う人々を組織という場合がある。成果の達成には、目標の明確化とその実現のために手段が整序・パターン化され、成員の統制力が不可欠の条件となる。これは「組織体」もしくは「組織構造」といわれる（青井：1964）。「組織構造」には、後述する公式組織と非公式組

織があるが、後者のしくみは公式な権力関係に対応するとともに効率化のために、組織図・職務記述書・権限規定などがなされている。

(ウ)しかし組織を(ア)(イ)のように静態的なものとはとらえず、動的な過程ととらえる考え方、つまり、統一目標の達成に向けられた人間活動のシステムとする「組織過程」がある。バーナード（Chester Irving Barnard）の「組織とは2人以上の人々の意識的に統括された活動や諸力の体系である」という定義がこれであり、組織はまさに協働体系として把握される（バーナード： 1968）。目標達成のために成員の諸活動を調整し、役割や責任の分担をきめ、成員に特定の地位と権限を与える活動を指しているのである。すなわち、組織目標達成にかかわる手段の合理的選択をさす意思決定、その意思決定に必要なコミュニケーション（情報の伝達）、組織成員のモチベーションを高めるリーダーの行動、組織の各部門間のコンフリクトの解決、組織を環境の変化に対応させるための活動が組織過程の要素となっている。

なお、パーソンズ（Talcott Parsons）（パーソンズ： 1960）は集団・組織を単なる個人の集まりではなく、社会体系としてとらえた。組織の目的を果たすために各サブシステムがあり、それを機能的には役割の体系、構造的には地位の体系とし、個人は役割関係を規定され、同時に価値体系によって組織に統合されるとした。

B．フォーマル・グループ（公式組織）とインフォーマル・グループ（非公式集団・組織）

集団分類には上述の類型学的な「集団としての社会」（group as society）といった観点と、もうひとつ社会心理学的なアプローチがある。後者の視角は、個人の行動に影響を与える集団それ自体の内部体系やその作用に関心が向けられる。集団をひとつの下位体系ととらえ、そこにおける相互作用や社会構造、集団内での個人の役割や性格に遡及する。いわば、「社会としての集団」として取り扱うのであり、この研究スタンスを代表するのが公式組織と非公式集団の分析である。

組織体・経営体の構造には、設備、機械、原材料、作業方式・生産工程等が合理的に整序された技術的組織と、その技術的組織を組織目的に向けて協働して運営する社会的組織がある。社会組織はさらに、フォーマル組織とインフォーマルな集団・組織の２つの複合体として構成される。

①公式集団・組織（formal organization）とは、企業、組合、各種団体、官庁、軍隊など近代的組織体（それら組織体の下位集団も含む）にみられるように、組織の目標実現のために目的合理的・論理的基盤の上に立ち、成文化された規則にもとづいて組織・形成された集団をいう。公式集団においては、組織全体の経済的目的の達成に向けて、構成員間の協働（協力）を確保するために、組織成員の地位と役割、それに伴う権限と責任事項、統制（指揮命令系統）が明確に示される。これら組織構成員間の関係の規定や明文化は、上から課せられたもので、そこでは「費用の論理（logic of cost)」およびその協働的努力の程度を評価する「能率の論理」(logic of efficiency）が貫かれている。構成員はそうした規則、コストや能率といった価値基準に従って評価される。

②非公式集団・組織（informal group）とは、(公式）組織内部で成員たちの㋐対面的（face to face）・持続的な相互作用を通じて、㋑自然発生的に発生し、㋒心情や気持ちをパー

ソナル・コミュニケーションで通わせ「感情の論理」に支配される、小集団（small group）である。いわば、職場や学校での仲間集団、仲良しグループなど、人間相互の接触のあるところにはいつでも発生し、日常的なつき合いのまとまりになっている小集団であり、人々の間に現実に存在し、明文化されていない内面的接触により、自然に発生した集団である。そこでは、非公式なあるいは個人的な経験などを通じた情感・信念・規範などといった「感情の論理」（logic of sentiment）が貫かれる。なお、インフォーマル・グループのなかでも特に親密なグループをクリーク（clique）という。

また、インフォーマル・グループの規範と特性は次のようである。(a)インフォーマル・グループには、メンバーたちの間で暗黙につくられた慣習、義務、規範、日常的な行為にもとづく共通の感情および行動基準が成立している。(b)インフォーマルな規範・行動基準はメンバーへの統制力（sympathetic control）を宿し、この非公式な規制に服さない場合には、社会的・心理的制度（sanction）が加えられ孤立化させられる。(c)こうした社会関係で結ばれた集団の規制は、仲間集団や集団内の社会的地位に変化を生じる恐れを避けたがる。それゆえインフォーマルな組織には自己防衛的・保守的傾向がみられる（齊藤：2005）。

C．官僚制

[1] 官僚制の理念型

組織が大規模化・複雑化すると、これに対応するために合理的・効率的な管理・運営が不可欠になる。合理的に整序された管理機構をもつ組織は官僚制（bureaucracy）と呼ばれる。官僚制の語源は「文書机（ビューロ）の支配（クラシー)」であり、組織運営には文書や帳簿が重視されるといったことにも由来する。また、巨大化した政府国家で複雑・多岐にわたる事務を迅速かつ正確に処理したいという行政上の必要から発達した仕組みである。とはいえ官僚制は官公庁だけではない。私企業、学校、病院、労働組合、宗教団体など集団・組織を経営体としてみれば、組織目的の違いに応じてその質と程度の差こそあれ、共通に官僚制が現れている。

ウェーバー（Max Weber）は『支配の諸類型』（ウェーバー：1970）において、近代資本主義社会の本質を合理性の貫徹として掌握した。「伝統的支配」から「カリスマ的支配」へ、そして近代の「依法性支配」へと変動する社会の組織原理として官僚制を示したのである。その官僚制の理念型（ideal typus）は次の通りである。

㈠合理的に制定された規則の体系、㈡明確に定められた権限の原則と地位のヒエラルヒー、㈢専門分化――専門知識と職業的専念、㈣業績本位・普遍主義の人員配置㈤非人格的規律（impersonal discipline）の支配、㈥文書主義のコミュニケーション、㈦公私の厳格な区別――物的経営手段の私的所有からの分離、である。

この理念モデルは、進展する形式合理性が結実した合理的な依法的支配を定式化したものである。それは、支配の正当性の根拠を普遍的な業績主義や没個性的な規則や規律の遵守におき、それによって特定個人の恣意や特権を嫌悪し、便宜主義的な問題解決を促す能率的なしくみを意味する。こうした官僚制組織の編成原理は、近代民主主義の発展を支える基盤でもあった。

[2] 官僚制の順機能と逆機能

官僚制の合理的・技術的長所を認めながらも、悪循環としての逆機能を警告し、「予期せぬ結果」をもたらすとしたのは、マートン（Robert King Merton）であった。マートンは、(a)手段と目標の転倒、(b)法規や規則への過剰な同調、(c)革新意欲の停滞・適応不能、(d)派閥の形成、(e)冷淡な非人格性、(f)官僚の不遜・尊大さ、(g)組織防衛の固執とその結果生じる組織利用者・顧客・大衆無視などが、意図されざる逆機能とみなした（マートン：1961）。この問題について説明しよう。

①合理的な規則の体系は、組織成員が各自の主観をもとにバラバラに、また場当たり的に行っていた業務や意思決定を、規則という客観的・合理的基準によって統一的に遂行することができる。

しかし全て規則中心のそれは、個人および組織自体が法や規則に拘束され、弾力的・機動的な運用を妨げてしまう。また規則による社会的公正の厳格な適用は、法律や規則に違反するものを防止するために細目にわたる規則をつくる。これは一層、人間の束縛を帰結する。加えて運用の裁量が規則を逸脱するとなにがしかの制裁が課せられるが、それの忌避と規則を遵守するあまり“規則のための規則”を派生する。

②地位と権限のヒエラルヒーは、指揮・命令系統の一元化によるすみやかな業務遂行と責任の所在の明確化、権限の乱用防止という利点を有する。

だがこれは、政策決定の上で少数のエキスパートによる支配を招き、ミヘルスのいう「寡頭制支配」を不可避的にする。他方、組織の末端にいけばいくほど、どんな仕事や役割を担っているのかわからなくなり、人間が歯車化された部品のようになってしまう。

③組織が大規模化すると、一人がオールマイティーに組織全体を掌握できなくなる。むしろ、特定の分野における専門的知識・技術を有する者が、これに専念する方が組織効率を高められる。ラインとスタッフの分離はその典型である。

こうした専門分化の進展はしかし、専門閉塞に陥りがちとなり、ヴェブレン（Thorstein Bunde Veblen）のいう「訓練された無能力」を露呈する契機にもなる。

④地位・権限のヒエラルヒーと専門分化が絡み合うと、セクショナリズムや無責任をもたらしてしまう。

⑤インパーソナルな規律は、個人のパーソナリズム（人格）とその価値、規範、態度を考慮しないので、個人は組織において期待された役割や職務をひたすら忠実に果たすことが要請される。そこでは凍りついた冷徹な人間性をつくりだしてしまう。同時に目的のない合意の下では、規律は“服従のための服従”を生み出す。

⑥上記の合理的な規則の体系つまり依法性とインパーソナルな規律、さらには能力主義が重なると、規律の枠から外れる身勝手な専制や独善、特権は排除される。合理的・客観的組織運営を具現する「組織の非人格化」が一般化し基盤となり、形式民主制を促進する。

けれども、これによって逆に統制され、依法性や公共性という大義名文を煙幕にして、個人は組織的に自由を奪われ抑圧されてしまう。そこではもはや正当性を保ちえなくなった形式民主主義にただ従い、動員されてゆくばかりとなる。

⑦文書主義のコミュニケーションは、口頭の伝達だけでは曖昧な表現で誤解を招く恐れ生じ、それによるエラーやトラブルも避けがたい。そこでこれを防ぐとともに、責任の所在を明確に示すために文書による記録が行われる。ところが全

てが文書による伝達になると、いわゆる繁文縟礼が蔓延し、かえって能率を低下させかねない。

⑧公私の厳格な区別は、個人の利害、主観、心情を交えることによる弊害を未然に防ぐ利点がある。とはいえ融通のきかない人間をつくりだす場合がある。

⑨こうして、本来客観的な公正基準、民主的な手続きをもとに能率向上のためにつくられた組織の合理的・技術的長所は、硬直化した形式主義・儀式主義を派生させ、「目標と手段の転倒」（displacement of goal）を現象させる。そこではフレキシビリティーを失い、非能率を招いてしまう。まさにウェーバーのいう「実質合理性と形式合理性のアンチノミー（二律背反）」を帰結するのである。

⑩さらに上述の官僚制の逆機能現象、あるいは機械のような合理性の追求は、人間の組織の歯車と化し、画一的なステレオタイプをつくりあげ、個性豊かな自由と主体性を喪失し、ついには人間性をも損ねて疎外を深める（齊藤：2005）。

3　現代的社会の問題状況と社会集団への視線

現代社会は、高度に分業が発達した産業文明ならびに企業社会であり、都市化社会である。また、情報化・サービス経済化の進展と相まった豊かな消費大衆が主役を演じる大衆社会化状況もみることができる。こうした現代社会は、ゲマインシャフトからゲゼルシャフトへ、共同体に対する機能集団の優越といった方向性のなかで、中間集団の衰退、集団を媒介とした社会的統合の危機、組織の巨大化に伴う特定の組織への過剰同調とそれとは裏腹な個人化の問題が指摘されてきた。また、部分品化・規格化・マニュアル化された無味乾燥な労働、高まる代替性や組織の歯車化、画一的・没個性的で孤独感・焦燥感・無力感漂う大衆社会化状況などの問題も浮かび上がらせた。

かかる社会変動に横たわる問題に呼応するように、主体性を確保し、人間的な情緒や絆をとりもどす「場」として、小集団とその活動の意義が唱えられてもきた。全人格的接触を可能とする親密な小集団とその活動は、「潜在的緊張処理の機能」をもち、プライマリー・グループの再生に寄与し、社会的統合の機能を担ってきたといってもよい。そこで以下では、現代社会の問題状況を照らし合わせながら、小集団の実相とその意義についてとりあげ、考察することにする。

A．マス・コミュニケーションの受容過程と集団・個人の選択的反応

大衆社会化状況の一翼を担うマス・コミュニケーションの発達とその心理的操作は、「豊かな社会」の出現と相まって人々の思考・価値観・ライフスタイルなどの画一化・没個性化・低俗化などが問題視されてきた。リップマン（Walter Lippman）のいうマスコミの環境造成力による「擬似環境の環境化」（現代人は現実のコピーあるいは「頭の中の絵」としての擬似環境の中にしか環境を見出せなくなった）の甘受（リップマン： 1963）。ラザースフェルド（Paul Felix Lazarsfeld）とマートンによる、マス・コミュニケーションの社会的機能としての「地位付与の機能」、「社会を監視する機能」、「麻酔的逆機能」における逆機能としての大衆操縦の可能性（シュ

ラム編：1954)。これらは、送り手（メディア）の一方通行に対する受動的存在としての大衆・視聴者がさらされる問題状況の指摘であった。

なるほど、一方通行による弊害は否定できない面をもち併せている。しかし、実際のマス・コミュニケーションの流れをみると、受け手の側に選択的反応が生じており、必ずしも操作されるばかりではない。その辺りをとらえてみよう。

[1]「二段の流れ」とオピニオン・リーダー

まず、ラザースフェルドが示した「コミュニケーションの二段の流れ」(Two step flow of communication) をとりあげる（ラザースフェルド：1965)。ラザースフェルトは1940年に投票行動の調査をもとに、マスコミからのキャンペーンや宣伝よりも家族、友人、仕事仲間などパーソナル・コミュニケーションを通じた説得のほうが投票意図の決定に強い影響力があることを実証した。そこでは、社会や集団で意見の形成にイニシアティブをもつオピニオン・リーダー（opinion leader）の存在と、彼が個別的状況にマッチするよう情報を解釈（意見の修正・変容・補強）して、人々に伝達する役割が注目された。そこでは、対面的関係の小集団におけるオピニオン・リーダーを介したパーソナル・インフルエンスや説得的コミュニケーションの意義を認識することになったのである。

[2] 認知的不協和

マスコミの受容過程における選択的反応は、フェスティンガー（Leon Festinger）の「認知的不協和」でもみることができる（フェスティンガー：1965)。フェスティンガーによれば、一般に受容過程では自己の認知構造やパーソナリティーの安定化に方向づけた選択的反応が生じやすいという。受け手は、自己が既に抱いている知識・意見・信念といった認知要素と協和的な関係にある情報には積極的に接触するが、対立する（不協和）な関係にある情報を避けようとする。

そして不協和な情報・宣伝などに偶然ないし強制的に接する場合、情報内容の歪曲化、単純化、矮小化、部分的無視、忘却などが起こる傾向がある。これを踏まえて「認知的不協和」を解消するために、集団に参加することが強調されていた。

［3］準拠集団

宣伝やキャンペーン、流行などマスコミからの影響過程についても、心理的に自らを関連づけ、自己の態度、感情、判断の形成と変容に影響を受ける集団、すなわち「準拠集団」（reference group）とのかかわりを見逃せない。これに関してケリー（Harold H. Kelly）とフォルカート（Edmund Howell Volkart）の分析を聞いてみよう。

実際の所属の有無にかかわりなく、個人の態度決定や意思決定の拠りどころとなる「準拠集団」の流儀、規範、価値基準、慣習等とマスコミからの情報が合致した場合には、マスコミからの説得効果の「促進要因」として作用する。だが適合しない場合、マスコミのキャンペーンなどは逆に「妨害要因」として働き、情報・宣伝の送り手へつき返してしまう場合がある。これをブーメラン効果（boomerang effect）とよぶ（ケリー＆フォルカート：1951）。

＊「**準拠集団**」は、当初、個人が自己の地位を評価するときの目安に役立つ集団を指した。さらに自分自身を関連づけることによって、自己の感情、

態度、見解、判断の形成と変容に影響を受ける集団と解される。多くの場合、準拠集団は家族、友人集団など身近な所属集団と重なるが、所属集団のみならず、非所属集団（過去に所属したことのある集団、ないし将来所属を望む集団を含む）にもわたる。その意味では、一般的な次元での集団としての要件を欠いている。また、どんな内容の集団が基準となるかは一定せず、評価基準としての機能を担えば準拠集団になりうるので、多くの集団が該当することになる。ここに準拠集団概念の特質があるわけだが、集団間の緊張や個人間の葛藤が惹起する現代社会の諸現象を解明するのには有効な分析用具となる。

準拠集団論はマートンによって体系的に理論化されたが、ケリーの解く「準拠集団」がもつ2つの機能に注目しておきたい。(a)そのひとつは「比較機能」(comparative function)で、自己および他人の地位、行動、能力、性格等を評価する際、ある特定の集団（その集団の典型的な人々を含む）をその評価基準として選ぶ傾向がある。準拠集団は、比較のための準拠枠を与える機能を果たしている。(b)いまひとつは、「規範的機能」(normative function) と称される。集団への所属の如何を問わず、人は自分を同一視したいと思っている集団をもっており、その集団の典型的な態度、価値、見解、行動に、自分のそれを同調あるいはマッチングさせようとする。その集団規範に沿う行動をとるよう働きかけ、人々に特定の判断基準を与える機能をもつことを「規範的機能」という（ケリー：1951）。

今日、資格取得に関心が寄せられている。あたかも強迫観念にかりたてられるかのようなその姿は、上記2つの機能が資格の機能としての一翼を担っていると考えられる。

B．生活・自治の地としてのコミュニティー

都市化社会の人間模様に照射してコミュニティーの意義を考えてみよう。今日、諸地域が機能的に系列化・再編成され

る過程にあって、その頂点に君臨するメトロポリスやメガロポリスが眼前にある。もはや都市概念は、「都市―農村連続法論」という都市化の波及という形態だけではとらえられない。そうだとしても、まずはワース（Louis Wirth）の「生活様式としてのアーバニズム（urbanism）」における社会関係の問題を把握しておこう（高橋：1969）。

多量の人口、人口密度、住民と集団生活の異質性といった都市の三要素をもとにアーバニズムでは、(a)親族・近隣等の紐帯の弱化。(b)第二次的人間関係、すなわち環節的・皮相的・部分的・一時的・匿名的・詭弁的・合理的・事務的・打算的・契約的・インパーソナルな接触の人間関係。(c)無関心や飽きの態度。(d)精神分裂症的性格。(e)主体性の欠如。(f)競争の激化と公的統制の強化。(g)分業・専門化とそこにおける不安定な相互依存。(h)間接的通信と利害集団の形成。(i)孤立・焦燥感。(j)コスモポリタニズムと個人主義。(k)複雑多岐に分化した社会階層。(l)社会病理などをもたらし、ついにはアノミー現象をも巻き起こすという。

形式社会学な方法で人口の諸要素から現象を説明したワースのそれは、しかし歴史的・文化的影響や市場メカニズムが捨象されるなど、批判も少なくない。けれどもアーバニズムには、リースマン（David Rieasman）のいう、「自己の無力と茫漠たる不安から他人の意向に絶えず細心の注意を払って同調する『他人（外部）志向型』人間」がうごめく「孤独な群集」（lonely crowd）と重なる社会状況をかもしだしていた。むろん都市化社会の人間模様はペシミックな彩りばかりではないが、前述の状況を踏まえて、温かみのある絆や人間性回復の場としてコミュニティーの再生が唱えられる。

ところが、ある種社会学的ロマンティシズムを醸しだすマッキーヴァーのコミュニティー論は、相互作用の及ぼす範囲を前提としたもので、情報交通通信網が高度に発達した今日(一日の間にあるいは瞬時に他の都市・地域の人と相互作用ができる)、その概念規定の曖昧さを免れない。にもかかわらずコミュニティーが重要視されるのは、失われゆく共同性や主体性のなかでそれを再生する統合のシンボルとしての意味合いが色濃いからである。いまやコミュニティーは、村社会や故郷など「生みこまれた」共同体に留まらず、労働や消費といった生活の場、住民の合意や自主的な共同活動・自治などを行う「つくられた」社会として位置づけられる。

居住生活や自治の地としての都市については、すでにウェーバーが陳述していた。しかし昨今、公害・環境問題における「市場の失敗」(market failure) を契機に、「環境権」の帰属・主張がなされ、コミュニティーのあり方や方向性が問われることになった。それは改めてコミュニティー概念について吟味させるが、その意味でパーソンズの「コミュニティーの基礎概念」(パーソンズ:1978) は興味深い。

パーソンズは、コミュニティーをその成員が日常的な活動の基盤として地域を共通に分けもつような集合体 (collectivity) とし、(a)定住の地域、(b)職業と仕事の場所、(c)管轄権の及ぶ範囲、(d)コミュニケーションの複合の4つをコミュニティーの要件に掲げていた。このうち自治に絡む「管轄権の及び範囲」は重要であり、防衛的機能、裁判権などを包括する。

C.「人間関係論」とその活用

官僚制と本質的に同じ構造をもつテーラー (Frederick Winslow Taylar) の「科学的管理法」(テーラー: 1969) は、

徹底した合理性・効率の追求によって人間を規格化・標準化した作業方式にはめ込み、人間の労働力と機械力を同一の観点からとらえマンマシーン・システムに編成してしまった。創意工夫も自発性もない「細分化された労働」は「労働行為からの疎外」や労働意欲の減退も生み出し、それによって組織自体も能率低下をもたらした。また、金銭獲得欲に関心を寄せる「ホモ・エコノミックス」を描き、心情や信念を持った社会的存在としての人間性を看過した。こうした問題状況は今日でもすくなからず見受けられるが、これを解決するかのように登場したのは「人間関係論」（レスリスバーガー：1954）であった。

「人間関係論」は、従業員をいわば抽象化された「労働力」として扱うのではなく、一定の人間関係のなかで存在し、感じ、意欲し、行動している存在なのであり、日常の小集団・仲間集団（職場集団）の特質と切り離しては、彼ら（個人）の態度、感情、行動を理解しえないことを痛感させた。すなわち、情感の論理は、組織内の各種の集団の間の人間的相互関係の中に存在する価値を表現する観念体系であり、労働者の感情に根ざすものである。同時に、パーソナル・コミュニケーションを通じてインフォーマル・グループの特質や動向を掌握することは、いかなる集団・組織においても必要とされよう。

「人間関係論」におけるインフォーマル・グループの発見は、集団・組織への帰属意識にもとづくモラール（morale 集団概念では士気・団結力、個人概念では勤労意欲）の意義とともに、メーヨー（Patricia Elton Mayo）やレスリスバーガー（Jules Roethlisberger）らのホーソン工場の実験による「人間関係論」（human relations）の重要な成果である。「人間関係論」はレヴィン（Kurt Lewin）をはじめとする「グループ・ダイナミックス」（group dynamics）、モレノ（Jacob Levy Moreno）のソシオメトリーなど「社会としての集団」の研究に発展した。

一方、組織の運営にとっては厄介でもあるが、現実に存在する“あるがままの人間関係”の事実にどう対応すべきか、どのように監督者（リーダー）の訓練を改善すべきかに向けられることになった。その活用の前提となる実際の人間関係の断面を掌握しておこう。

①「人間関係論」から知りえた対応は、(ア)個人は自身の立場や境遇について感想を述べることに関心を抱くとともに、個人の行動は態度、感情、信念と密接な関係をもつ。そして、それらの感情や態度はストレートに表現されるよりも、一種のカモフラージュを加えたもっともらしい理屈をつけて表現される場合が多い。不満や意見をカモフラージュして表現するなら、口に出して言ったことを額面どおりに受けとって対策を講じても、その効果は薄い。(イ)直接接触の対面的な態度でのコミュニケーションは、個人のあるがままの態度やその背後事情を把握する方法であるとともに、人々の不満にはけ口を与え、その態度や気分を転換させる効果がある。面接それ自体が精神療法的な機能をもつ。(ウ)face to faceの関係を重ねることによる感情融和（rapport）は、敵対的感情の緩和にとどまらず、好意的にさえなることがある。

(エ)組織（経営体ないし職場）のフォーマルな側面と個人（従業員）との間をとりもつ心理的契約の機能を有すインフォーマル・グループが、なにを志向しているのか、インフォーマル・グループの暗黙の申し合わせ・規範はどのようなものかを把握する必要がある。(オ)インフォーマル・グループの規範や統制力を無視すれば、組織の社会的緊張を招く。またインフォーマル・グループにはインフォーマル・リーダーが存在しており、その役割も見逃せない。とすればインフォーマル・リーダーをマークし、とり込み、活用することが組織運営の要締につながる。

②「経済人モデル」から「社会人モデル」への転換の必要性を認識させた「人間関係論」は、経営者（リーダー）に対して、従業員の「感情の論理」を適切に取り扱うことを知らしめたが、その方法は「社会的技能」(social skill) と呼ばれる。「社会的技能」を駆使する方策は、㈠組織内の上下双方の円滑なコミュニケーションの促進、㈡個々人への組織集団への適応援助、㈢フォーマルな組織とインフォーマルな組織との社会的均衡を維持・実現する担い手としてのリーダー（職場監督者）の人間関係調整力の三つがある。

リーダーの「社会的技能」を有効に活用してモラールアップや生産性の向上に結びつけようとする人間関係管理は、“経営にとって望ましい人間関係づくり”、をさし、アメとムチの論理を宿す人間懐柔法として用いられる一面もある。こうした「人間関係論」の側面は、尾高邦雄がいうように“あるがままの人間関係”と区別しておかなければなるまい（尾高：1963)。

③「人間関係論」の欠陥は、摩擦・葛藤・競争・不一致・対立・紛争といった社会的緊張が社会病理であり、経営にとって都合のよい良好・円満な人間関係の維持が社会的善であるという価値前提に立脚した点である。職場集団は複合的な人間関係を集約する小社会であるが、それをとりまく外部の社会構造や公式組織の構造と、そこに派生する社会的緊張を捨象するわけにはいかないはずである。

これに関連していえば、社会的葛藤・緊張・紛争はむしろ常態であり、その際の組織の対応の如何が組織に悪循環をもたらすか、緊張処理として機能するかを提議した、グールドナー（Alvin Ward Gouldner）の実証的分析は看過すべきではない（グールドナー：1963）。グールドナーは官僚制の合法的支配（規則の制定・遵守や権力行使）の過程に着目して官僚制を、管理する側が高圧的に規則の遵守を賦課（impose）し、労働者の自律性の侵害・動機づけの低下を帰結する「懲罰型官僚制」と、労使双方の合意（agreement）を通し安定が維持された緊張処理を担う管理形態としての「代表官僚制」に類別した。緊張・利害関係を前提に、対極にある2つのタイプをめぐる組織のダイナミズムを展開する知見は、刺激的でさえある。組織運営や成員の活用にまつわるせめぎあいを直視するなかで、その動態を考察する必要を喚起させてくれるのである。

こうして述べてくると読者はあたかも、欺瞞的で矛盾に満ちていた「人間関係論」への回帰、ネットワーク社会の進展にもかかわらず「場」の理論だけにとらわれているような印象を抱くであろう。また、組織成員の求心力を失い、組織が瓦解する事態を防ぐとともに、組織内部に宿す問題解決を隠蔽するかたちで、共同体に溶解してしまう論理に組するコンテクストと受けとるかもしれない。言い換えれば、本来、機能的にできていたはずの機能集団が、共同体化することで組織の退廃を招くという問題性から目を背けているとの誹りも指摘されよう。だが、それを甘受しつつ、ここでは、集団の意義を再認識するところから、現代社会の諸側面とその問題への対応や方向を考察する一助としてほしいのである。

【引用・参考文献】

●青井和夫編『組織の社会学』現代社会学講座Ⅲ，有斐閣，1964.
●ウェーバー，M『支配の諸類型』世良晃志郎訳，創文社，1970（原著，1921 - 22）.
●ウェーバー，M『都市の類型学』世良晃志郎訳，創文社，1964（原著，1920 - 21）.
●尾高邦雄『改訂・産業社会学』ダイヤモンド社，1963.
●カートライト，D.P. & ザンダー，A.F.『グループ・ダイナミックス第3版』三隅二不二訳，誠信書房，1968（原著，1953）.
●クーリー，C.H.『社会組織論—拡大する意識の研究』大橋幸，菊池美代志訳，青木書店，1970（原著，1909）.
●グールドナー，R.W.『産業における官僚制』岡本秀昭訳，ダイヤモンド社，1963（原著，1954）.
●ケリー，H.H.*Communication in experimentally createh hierarchies*, Hum.Relat.,vol.4,1951.
●ケリー，H.H.&フォルカート，E.*The Resistance to Change of Group Anchored Attitude*, American Sociological Approach to Communications Research, Public Opinion Quarterly,vol.15, 1951.
●齊藤幹雄「産業・組織の人間問題」『スタートライン社会学』弘文堂, 2005.
●塩原勉・松原治郎・大橋幸編『社会学の基礎知識』有斐閣，pp.32,1969.
●シュラム，W.編『マス・コミュニケーション』学習院大学社会学研究室訳，東京創元社　1954（原著，1949）.
●鈴木広訳編『都市化の社会学』誠信書房，1965.
●高橋勇悦『現代都市の社会学』誠信書房，1969.
●タルド，G.『世論と群集』稲葉三千男訳，未来社，1964（原著，1901）.
●テーラー，F.『科学的管理法』上野陽一訳，産業能率短期大学出版部，1969（原著，1911）.
●テンニース，F.『ゲマインシャフトとゲゼルシャフト』杉之原寿一訳，岩波書店，1957（原著，1887）.
●パーソンズ，T.「コミュニティの基本構造」『都市化の社会学』鈴木広編，誠信書房，1978（原著，1960）.
●パーソンズ，T.&シルズE.A.『行為の総合理論をめざして』永井道雄・作田啓一・橋本真訳，日本評論社，1960（原著，1951）.
●バーナード，C.I.『経営者の役割』山本安次郎・田杉競・飯野春樹訳，ダイヤモンド社，1968（原著，1938）.
●フェスティンガー，L.『認知的不協和の理論—社会心理学序説』末永俊郎監訳，誠信書房，1965（原著，1957）.
●ブラウ，P.M.『現代社会の官僚制』阿利莫二訳，岩波書店，1958（原著，1956）．
●ボールディング，K.E.『組織革命』岡本康雄訳，日本経済新聞社，1972（原著，1953）．
●マートン，R.K.『社会理論と社会構造』森東吾等訳，みすず書房，1961（原著，1949）．
●マッキーヴァー，R.M.『社会学講義』菊池綾子訳，現代教養文庫，社会思想研究会出版部，1949（原著1917），および『コミュニティ―社会学的研究：社会生活の性質と基本法則に関する一試論』中久郎・松本通晴訳，ミネルヴァ書房　1975（原著，1917）．
●ラザースフェルド&カッツ『パーソナル・インフルエンス』竹内都郎訳，培風館，1965（原著：1955）．
●リースマン，D.『孤独な群衆』加藤秀俊訳，みすず書房，1964（原著，1950）．
●リップマン，W.「世論」『世界大思想全集25』田中靖政・高根正昭・林進訳，河出書房新社，1963（原著，1922）．
●ル・ボン，G.『群衆心理』桜井成夫訳，講談社学術文庫，1993（原著，1895）．
●レスリスバーガー，F.J.『経営と勤労意欲』野田一夫・川村欣也共訳，ダイヤモンド社，1954（原著，1941）．

第 3 章

家族問題の変容とその対応

久門道利

1

わが国の社会学が「家族問題」に対して、どのように寄与してきたか、
過去の家族社会学のアプローチの方法から具体的に学ぶ。

2

戦後の社会変動に伴って変容した家族問題の
具体的な変容を概観しながら、
具体的な対応の方法について学ぶ。

3

家族問題のなかで、社会問題化している介護問題を取りあげ、
家族による介護問題や介護保険制度の導入によって
在宅ケアや介護を担う家族の意識がどのように変わってきたのか、
あるいは、在宅介護の高齢者虐待の実態に迫り、
社会問題としての虐待防止の対応を学ぶ。

1　家族をどう捉えるか

人々にとって家族は大変身近な集団であり、古くから存在した。人間は家族と共に生きてきたといっても過言ではない。家族は夫婦、親子、キョウダイといった横と縦の関係性の連鎖からなる近親者集団であり、家族員の基本的な欲求を充足するために形成された基礎的集団である。そのために家族のあり方や形態は、その家族が暮らす社会や時代の様相・あり方によって、当然のことながら異なっている。

A．戦前の家族

わが国が近代社会に一歩踏み込んだ明治時代の家族を例に挙げると、1898（明治31）年、人々の社会生活について規定した法律である明治民法が制定され、それに盛り込まれた「家」制度は、江戸時代に儒教の影響を受けた武士階級をモデルにしたもので、儒教の長幼の序、男子優先の思想を背景に、直系家族制度のもとで、家族員が家長に統率され、「家」の存続を第一に考えた制度であった。

この時代・社会においては、多くの人々が農業・漁業・林業に従事した。しかし、まだ、機械化の進まない時代・社会の家族は、大家族であり、その生産力は低かった。また、農業・林業・漁業といった、いわゆる第一次産業中心の社会では多くの人々・家族が土地に拘束されての生活であり、他の地域への移動や他の職業への異動もなかなか困難であった。「家」に所属し、その一員でない限り、その土地で生活していくことは非常に困難で、そのために家族員個人の幸せの追求よりも「家」の存続が第一に優先されたのであった。

このような明治民法下の「家」制度のもとでの家族のあり方は、第二次世界大戦の終わりまで続いた。しかし、第二次世界大戦後の1946（昭和21）年、個人の尊厳と平等を謳った新しい憲法である現行憲法が公布され、その理念に基づいて人々の社会生活が新民法1947（昭和22）年によって規定された。この新しい民法では「家」制度が廃止され、それまでの直系家族制から夫婦家族制へと家族制度が大きく転換された。憲法の理念は、従来のわが国の家族観を根底から、大きく変えるものであった。

B．現代家族の定義

今日、一般的に使用されている家族という言葉の概念の使用は戦後、新憲法の理念が一般に定着していくなかでスタートしたといっても過言ではない。戦後のわが国の家族は、先に述べた①戦後の法制度の改革、②高度経済成長期の経済社会の変貌、そして③第一次オイルショック以降、顕在化してきた人口高齢化、という三つの大きな社会変動の波に揺り動かされてきた（袖井： 1985)。確かに大きな波に揺り動かされてきたために、現代社会の家族のあり方や家族に対する人々の見方・考え方が大きくゆれ動いた。そのために、家族に関する書物の表題に「変動する家族」「変わりゆく家族」「ゆれ動く家族」などの表題がつけられることが多く、家族問題、社会問題から家族の危機や崩壊が論じられてきた。

日本の家族社会学の領域でよく知られ使用されている家族の定義は、森岡清美の「家族とは、夫婦・親子・きょうだいなど少数の近親者を主要な成員とし、成員相互の深い感情的関わり合いで結ばれた、幸福（well-being）追求の集団」（森岡：1997）であろう。この定義に見られる「幸福追求の集団」は、森岡自身が述べている（森岡：1986）ように、レッシャーの“幸福は福祉の到達目標である”をもとに、家族福祉の場合は「福祉の追求」を「幸福の追求」と置き換えてもよいということで、1967年以来、使用してきた「福祉追求」という用語を置き換えて使用している。

家族が福祉を追求する際、幸福に連なりやすい福祉の組成要素、つまり精神的・情緒的福祉に重点をおいて、幸福に連なりやすいような福祉追求の仕方を採用しようというものである。この定義に見られる家族員個人の感情という内面、そして家族という集団が求める福祉という二つの側面が定義に包括されている。

もう一人、家族社会学者の定義を紹介しておこう。目黒依子は、家族について「家族とは、自立的な個人間の情緒的ニーズを充足することを中心に結合された男と女が作る生活のユニットである」（目黒：1987）としている。さらに「現代の家族とは個人と個人がつくりあげる情緒性が最も突出した人間関係で、生活の場である」（目黒：1998）と定義し、個人の情緒性と集団性に注目している。

このように現代の家族社会学では、戦前の明治民法下における「家」制度のもとでの家族とはまったく異なった次元の捉え方をする。

戦前の家族は、まず「家」ありきという考え方であるが、戦後の家族は、前述した二人の家族研究者の定義にみられるように、制度というよりも家族員がさまざまな家族関係を取り結び、作り上げていく家族である。さらに「個人の生き方を支援する最も身近なシステムがこれからの家族」（目黒：1987）ではないか、とみている。今日の家族、そして、これからの家族に、人々は第一に一体何を期待するのだろうか。

2 家族問題へのアプローチ

人間は、一般的に家族のなかに生まれ、家族や地域社会で、多くの人々に支えられ、生活するなかで社会化され成長・発達している。そして、成人して人生のパートナーを得て新たな家族を形成し、日々の暮らしの中でさまざまなできごとや危機に遭遇しながら、個人または家族等集団でそれらに対応しながら生活している。家族は、いかなる時代・社会においても、常に多様な問題を抱えて生活している、といっても過言ではない。

A. 家族問題への家族の形態的アプローチ

これまでの家族問題についての社会学的対応は大別して二つに分けることができる。

一つは、家族が抱える問題をとりあげる場合、1960年頃までのわが国の家族社会学では「問題家族」ということでとりあげることが多かった（山田： 2001）。このことはいいかえれば、①「問題のある家族」（離婚、母子・父子家庭、未婚の母、共働き家庭）、②「問題のない家族」という二分法にもとづく家族類型である。問題があるか、ないかの基準を何で計るかといえば、それは家族の形態（家族構成及び役割関係）であった。

問題のない家族形態は（①家族構成—核家族＝父と母と未

婚の子女からなる家族、②家族役割―性別役割＝夫は外で、妻は家庭で）で決まるという。この考え方はいいかえれば、家族には、本来、「あるべき姿＝標準家族」があるという前提があって、その前提が崩れつつある中で、「家族問題」であるとか、「家族危機」であるといういい方がされる、という捉え方である。簡単にいえば、母子家庭だから貧困問題が、父子家庭だから養育問題がある、といった捉え方である。これは何も日本独自の捉え方でなく、当時のアメリカでも、母子や父子で構成された家族をbroken family（日本語訳は「欠損家族」）と表記していたことや、戦後のアメリカ社会学界の大きな理論的な支柱として絶大であったパーソンズ（Talcott Parsons）の構造・機能主義の理論的成果が社会背後にあった。また、それが強く日本の社会学にも影響を与えていた。

機能主義的な家族論の立場からすれば、社会に何か標準となる家族形態があって、それに対して欠損している部分があるからこそ機能不全を起こすという考え方である。その標準家族として想定された家族が「夫婦と未婚の子女からなるいわゆる核家族」であった。

この時代のわが国の社会学では、家族社会学だけでなく「正常・異常」といった専門用語がよく使用されていた（安食：1966）が、この用語を使用すれば、「標準家族＝正常家族」であり、逆に「非標準家族＝異常家族」という構図になる。

また、当然のことながら標準家族であるか、非標準家族であるかによって、その内部構造（役割構造、権威構造、情緒構造の三つからなる内部の仕組）も異なり、標準家族は正常に機能し、他方は正常に機能しない、ということになる。この機能主義の考え方は、家族形態（家族構成）に問題があるから内部構造に問題が生じ、逆に問題のある家族は家族形態を標準に直すことで問題解決に通じるという考え方であった。しかし、産業化・都市化などによって社会が変化すれば当然のことながら家族形態も変化し、家族問題を捉える視点が徐々に変わっていくことになる。

B．家族問題への家族の関係的アプローチ

第二に、社会あるいは家族の転換点という意味で捉える視点がある。社会が変化すれば、それまで支配的であった家族モデルであった標準家族と、社会の構造変動や個人が志向する家族形態とが一致しなくなり、家族研究者の関心が、形態から諸々の家族関係の実質的な内容へと移っていった。

わが国の1970年代までの伝統的な家族社会学では、標準家族をモデルにしていたため、モデル家族の具体的な家族関係とその内容の研究には着手していなかったが、それ以降は、諸々の家族関係とその個々の内容に研究の標準を合わせて、研究対象として捉えるようになった。そのために、常に社会あるいは家族の転換点という視点で捉えられ、研究が進められるようになった。

3　家族形態の変化と家族の内容

社会の生産性が上がり、「豊かな」社会になればなるほど、家族はもちろんのこと、社会のあらゆる領域で、人々の選択

肢が広がったが、家族の領域でも同様なことがみられた。

1970年代後半以降、家族に対する考え方やイメージが大きく変化した。それまでのみんな仲良しといった情緒主義的な結びつきのある家族から、個人化のすすんだ家族へと変容したのであった。たとえば、結婚をするか、しないか、結婚後は親と同居するのか、しないのか、こどもを生むのか生まないのか、生んでも何人生むのか、共働きはどうなのか、といった家族の選択の自由による影響は、家族形態にも大きく表れ、家族は多様化していった。家族形態の変化と家族関係の内容を具体的にみてみよう。

A．家族形態の変化

戦後、わが国の家族形態の変化は、国勢調査等の結果を基に、家族規模と家族構成の二つの側面から詳細に考察することができるようになった。

まず、家族規模は、国勢調査が開始された1920（大正９）年以来、1955（昭和30）年の調査まで大体５人程であったが、1955（昭和30）年以降、産業化・都市化などさまざまな要因から2005（平成17）年には2.68人にまで減少してしまった。いいかえれば家族の小家族化が短期間に進んだのである。

家族の小家族化は、同時に家族構成の単純化にも繋がった。具体的には、高齢者を含む多世代が同居する「三世代家族」を減少させ、核家族化を進め、さらには単独世帯を急激に増加させた。核家族化は、先に述べた標準家族（夫婦と未婚の子女）以外の核家族の形態を多く生み出した。結果として家族全体の形態は多様化した。小家族化や家族の多様化を進めた直接の要因は、何といっても産業化・都市化等の進展による家族の経済基盤の向上にあった。

家族の小家族化・多様化は、家族の経済基盤の向上を背景に、さらに平均寿命の伸び、出生率の低下、そして生活様式の違いなどから一層進んだ。平均寿命の伸長は家族関係の長期化と複雑化を招き、家族問題を生じさせた。たとえば、長寿化が進み、人生50年から人生80年に伸びれば、子どもが結婚した後、親と同居する期間は長くなり、親の世代と子ども夫婦の生活様式が異なり、生活の調和がとりにくくなり、家庭経済が安定していれば、別々の暮らしが行われ、家族が分割し、小家族化が進行する。結果として、多様な家族形態が生まれ、家族世帯数は増加することになる。

B．家族関係の内容

「国民生活基礎調査」によれば、2005（平成17）年65歳以上の者のいる世帯は、「夫婦のみ世帯」29.2％、「単独世帯」22.0％で、合わせて半分を占めるようになった。高齢者人口に占める一人暮らし世帯の高齢者も増加の一途をたどる。ちなみに、一人暮らし高齢者の個人所得は、男性262.6万円、女性172.6万円である。高齢者の価値観・生活スタイルは、きわめて多種多様で、それらをもとにして高齢者自身による自己決定や裁量の拡がりをみせている。

家族の小家族化・多様化が進めば、当然、標準家族から離れた非標準家族が多くなる。家族の諸形態における家族関係の内容が問われることになる。家族構成が整った標準家族だからといって必ずしもその家族が正しく機能し、家族関係がうまくいき、家族員の満足度が高いということは考えられない。逆に、家族形態が非標準的だからといって機能的でないなどとはいえなく、家族関係の個別性が強く表れる。

家族関係の個別性を考える場合、誰が何を家族問題であると決めるのか、またどのような基準で問題と判断するのか。たとえば離婚を例に考えると、離婚は自分が配偶者選択を間違えたのだからやりなおすと考えれば自分にとっては家族問題にならない。しかし、周囲の人にとっては問題だということもある。だからといって夫婦の関係性が非常に悪いにも関わらず、世間体を考えて離婚せず、家庭内別居の形で生活していることのほうが問題だという考え方もある。また、他者からみれば、何でそのようなことで離婚するのか、ということもあれば、逆に何故、そのようなことなのに離婚しないのか、という考え方もできる。

家族問題を考える場合、誰からみて何故問題なのか、そして問題であると判断する基準とその解決方法は何なのか、ということがポイントになる。

4 戦後の家族問題の変遷とその対応

社会の変動と家族問題、あるいは社会問題とは不可分の関係にあることは、これまでの多くの研究成果によって示唆されている。社会変動の特性は、社会の単なるミクロな変化でなく、全体社会のマクロでダイナミック、いいかえれば“激動の社会”といえる状況を指し示すもので、社会秩序、社会の仕組み、価値観等々、社会を根底から変える程の変化といっていいものである。

わが国の戦後は、まさに“激動の社会”、“社会変動”の時代といってよい社会状況であった。そうした社会状況下の中でさまざまな家族問題の諸相が見え隠れしながら日々の社会生活が行われてきた。

A．家族問題とは何か

ここでいう家族問題は、「放置すれば、家族員の生命を脅かし、あるいは家族の解体や崩壊に至らしめるような、家族の機能障害をもたらす問題」（庄司： 1898）、または、「社会的に問題視される状況とは、社会病理学的にいえば、①家族内外の条件の故に、②家族機能の遂行に障害が生じ、③その結果さまざまな異常・逸脱の現象が派生する過程」（大橋：1989）と捉えている。二つの定義に共通するものは、家族の機能障害とそこから派生する問題といえよう。

つぎに、戦後社会を３期に大別して、各期の家族問題を概観してみよう。

B．戦後の家族問題の変容

［1］戦後復興期の家族問題

この時期のわが国は、廃墟と化した社会からの復興のための再スタートの時期といってよいだろう。そのため、家族問題は、何といっても貧困・失業・非行問題に尽きるといってよい。戦後、古い社会制度が崩壊し、社会が混乱する中で、人々は生きていくために、飢えと戦いながら明日に向けて、どうするかが問われた時期であった。法律も変わり、一方では民主化の波が押し寄せ、他方では、古い家族制度の考えが根強く残るなかで、必死に貧困・失業といった問題に立ち向かった。これらの問題は家族問題でもあり、社会問題でもあった。

[2] 高度経済成長期の家族問題

戦前と同じ経済状況に復帰したことを表す『経済白書』(昭和31年)の有名な“もはや戦後ではない”という言葉が流行した時期を経て、わが国は飛躍的な経済成長に伴い、都市・農村を問わず社会に大きな歪みが生じた時期であった。

働く場を求めて若者が農村から三大都市に集中し、他方、農村では、“三ちゃん農業”などといわれ、おじいちゃん、おばあちゃん、おかあちゃんしか残らないといった言葉が流行した。社会、あるいは家族の特異な世相をあらわにした時期ともいえよう。

この時期の家族問題は、人々が“物質的豊かさ”を求め、奔走した結果、共働きによる鍵っ子問題、親子間の断絶、夫婦間のコミュニケーション不足や1955年頃に起きた主婦論争を契機とした家事労働問題など、この時期の特徴とされる問題は単なる経済的な問題に還元できない人間的諸活動をめぐる諸問題が多様に出てきた時期であった(中村: 2007)。あまりにも経済的合理性を追求した結果、家族員の心に大きな穴があいた。この時期以降は、それまでとは逆に経済性よりも“心の豊かさ”を求めるようになり、それまでの家族のライフサイクルの考え方からライフコースの考え方が生まれる源をつくりだす時期でもあった。

[3] 最近の家族問題

第一次オイル・ショック(1973年)により、わが国の高度経済成長が終焉し、安定経済成長に入り、その後バブル経済とその崩壊などダイナミックに変動する経済的変化を経験する中で家族は、多様な家族の外生的・内生的な問題を抱え、それが家族に重くのしかかってくるようになった。

家族の外生的な問題としては、環境問題、経済の格差問題、失業問題、いじめ・虐待問題、セクシャル・ハラスメント等々数えればきりがないほど多様な問題があげられる。

家族の内生的な問題としては、家族によるDV（ドメスティック・バイオレンス）、少年犯罪、介護問題等、さまざまな問題を指摘することができる。このように家族問題を外生的・内生的という観点からみてみると、社会に生じるさまざまな問題が家族問題に通じていることが理解できる。

C．家族問題への対応方法

家族問題を放置しておくと、家族生活に障害が起きる、あるいは、家族員の生命や人権に係わることが生じる恐れ等があるために、いかに問題に対応していくかという具体的な方法が問われる。その方法は、つぎの三つのレヴェルを考えることができる。

第一に、個人レヴェルの対応で、問題解決に向けていかに努力するか、といったものである。個人が問題解決のために努力するには、家族にいつ何が起こっており、何がどの程度問題なのか、という認識があって初めて個人が努力することができる。

第二に、家族という集団レヴェルでの対応である。問題を起こした、あるいは問題に気づいた家族員が家族に相談して、家族で問題の対応を図るというものである。

第三は、家族以外の人々や集団の力を借りて、家族問題に対応するという方法である。これは、さらにいくつかに分類することができる。①実際には第一と関連するが、家族員個人が普段から他の家族や地域社会と密接な交流を図り、困ったときには互いに助け合うというもの、②自分たち家族で力をあわせてサービス利用により対応する、③社会政策等の適応を受ける、いいかえれば社会への依存あるいは社会化、といってよいもの等である。

家族問題に対応していくためには、なんといっても家族員個人あるいは、家族の生活のあり方が問われる。家族問題が生じた場合、家族員個人や家族だけでの対応には限界がある。人間は、その文字に表されているように、人と人との間で生きているから「人間」であり、集団を形成して生きているから社会的存在なのである。それゆえに、普段から家族や他者との十分なコミュニケーションや交流が求められる。

家族・社会生活における大きな障害要因の一つに挙げられるのが、孤独（solitude）と孤立（isolation）であるといわれている。これは、人が孤独ならば、周囲の人は何で困り、悩んでいるのか理解できないし、家族が孤立していれば、他と交流できないわけであるから状況も理解できないし、援助や共同もないということになる。人や家族は、孤独・孤立した状況では情緒豊かな満足できる生活をしていくことは難しい。

5　社会問題としての介護問題

介護問題は、現代社会では、家族問題であると同時に社会問題でもある。では何故、介護問題は社会問題なのだろうか。

それは変容した家族だけでは、被介護者の人権やニーズに充分応じられる介護はなかなか困難になったからである。また、家族介護者の問題もあり、介護の社会化が社会的課題とされ、介護の専門職養成や施設等の運営に関する法律が次々と成立すると同時に、介護サービスに関する法律（介護保険法）が制定され、介護問題解決に向けて必要な社会政策の一環として整備されつつあるからである。

A．社会問題とは何か

社会問題について、アメリカの社会学者マートン（Robert King Merton）は、「社会問題」であるか、ないかという判断基準について、「基本的には、実態そのものと人々がこうあるべきと考えるものとの間にかなり大きな食い違いが存在するとき、社会問題が存在する」（Merton & Nisbet： 1976）とした。マートンの指摘するこの判断基準を現実と照らし合わせて社会問題であるかどうかを科学的に測定することは、実際上困難であるが、社会の成員の間ではこれまでの社会生活の中から何らかの社会規範を共有しており、その規範と実態から社会問題であるか、どうかを判断している。しかし、こうした考え方に立脚すれば、社会問題であるか、ないかと思われている事象についても、前節で述べたように、その社会・集団の成員のものの見方や考え方、生活のあり方に大きな開きがあるため、その判断基準があらためて問われることになる。ましてや社会変動が激しい現代社会においては、一層、その判断基準が問題視される。

現実と規範、あるいは理念との不一致をどうするか、ということで問題視される事象について、社会・集団による解決の方途を探ることが不可欠になり、国や地方自治体の社会政策・福祉政策などで、地域・家族間の連帯、家族のあり方の是正がもとめられている。

このように、社会問題をみてみると、社会問題の解明それ自体が極めて実践的な課題を担っていることがわかる。

B．家族と介護

介護はかつて家族が担うとされたが、先に見たように、戦後、家族は大きく変容し、家族だけでは老親の介護を担うことは難しくなった。

家族の本質的側面として、依存と扶養が挙げられている（船橋：1996）。それは、子どもは生まれてから自立できるようになるまで、保護者に依存しなければ生きていけない。通常、保護者の多くは家族であって、家族が子どもを扶養していた。子どもは成長して、そしてやがて年をとり、自分のことが自分でできなくなり、ほとんどの人はいずれ誰かに依存し、扶養してもらわなければならないときがやってくる。人生はその順番で、老後の依存や扶養が介護ということになる。長い間、それを担ってきたのが家族であった。

今日では、介護を担うのは家族以外にも専門職の人であったり、近隣のボランティアであったりする。ここでは家族との関係ということで、ねたきり老人の在宅ケアについてとりあげることにする。

ねたきり老人の在宅ケアは、まず、家族の献身的な介護があって初めて成り立つといってもよい。なぜならケア（care）というのは、クルーター（Frances Reiter Kreuter）によれば、その語源を「悲しみ」（sorrow）に発し、「感情がこめられているという点で治療（cure）よりは、情緒的味わいが深く」、そして「ケアは、介護すること、そばにいること、援助し、庇護すること、襲いかかる恐れのある危険から守ること」(Kreuter： 1957) であり、「忍耐や寛容さではない同情心を抱いて、つまり、義務感ではなく、やさしさと思いやりをこめ、無関心ではなく顧慮と関心を寄せて、人が必要とし望んでいることを与えること」であるという。

在宅のねたきり老人のケアは24時間体制で行われなければならない。ケアはいつまで続くのか、ということは誰にもわからない。また、そのためにケアに当たる家族は在宅ケアを継続していくために、多くの犠牲をどうしても払わなければならない。マズロー (Abraham Harold Maslow) の欲求階層説ではないが、ねたきり老人の在宅ケアを行う場合、ケアを行う家族員の自己実現には大きな支障が生じる。

C. 介護と介護保険制度

今日の在宅ケアは、家族の介護負担軽減を視野に入れた介護保険の実施 (2000：平成12年) もあり、かつてのように介護をすべて家族が担当する必要性は少なくなった。

介護保険制度のねらいは、①老後の最大の不安要因である介護を社会全体で支える仕組みを作る、②社会保険方式により、給付と負担の関係を明確にする、③利用者の選択・契約にもとづき、多様なサービス供給主体から保健、医療、福祉のサービスをうけられる、④医療保険から介護を切り離し、社会的入院を解消する、というところにあった。

しかし、介護保険制度でのサービス利用は有料であり、家庭経済を考えて必要不可欠なサービスを購入することが多い。在宅ケアを行う家庭では、そうしたサービス利用と家族員相互の連携と協力が不可欠であり、そうでなければケアに専任できる人を家族の中から出せるか、あるいは在宅ケアを諦めて、他の「社会的入院」や「施設入所」といったサービス利用を考えなければならない。

わが国の場合、在宅ケアの主たる介護者は、2004（平成16）年で家族等の「同居者」（**表１**参照）で66.1％を占め、別居者はわずか8.7％にしかすぎない。同居している主な介護者の４分の３が女性である。これは何も介護に限らず介護以外の家事（育児、看護、買い物を含む）の多くを女性が担っている。ちなみに総務省統計局「社会生活基本調査」（2001年）によれば家事に費やす時間は男性（10歳以上）が31分なのに対し、女性（10歳以上）は３時間34分で、これは家庭内における性別役割がまだまだ色濃く残っている証でもある。

表１　主な介護者と要介護者等との続柄および同別居の状況

（単位　％）　平成16年（'04）

	総数[1]	家族等介護者	配偶者	子	子の配偶者	父母	その他の親族	事業者	その他
総数	100.0	74.8	24.7	24.8	21.8	0.6	2.9	13.6	6.0
同居	·	66.1	24.7	18.8	20.3	0.6	1.7	·	·
別居	·	8.7	0.0	6.0	1.5	0.0	1.2	·	·

資料：厚生労働省「国民生活基礎調査」
注1）　要介護者等との続柄不詳を含む。

D．介護に対する家族意識の変化

ここでは、家族の機能が発揮される典型例として、家族の介護に対する意識の変化を見てみることにする。

全国の20歳以上の者に対して、「仮に、介護が必要となった場合に、自宅で介護されるとしたら、どのような形で介護されたいですか」という質問に対して、1995（平成７）年と2003（平成15）年を比較すると、「ホームヘルパーなど外部の者の介護を中心とし、あわせて家族による介護を受けたい」が増加しているが、「家族だけに介護されたい」と「家族の介護を中心として、ホームヘルパーなど外部の者も利用したい」を合計すると過半数を超えている（**表２**参照）。このような調査結果を見ると、国民の家族意識も介護保険の導入を契機に大きく変わってきたといえる。

表２　望ましい在宅での介護形態

	家族だけに介護されたい	家族の介護を中心とし、ホームヘルパーなど外部の者も利用したい	ホームヘルパーなど外部の者の介護を中心とし、あわせて家族による介護を受けたい	ホームヘルパーなど外部の者だけに介護されたい	その他
1995年	25.0％	42.6％	21.5％	3.4％	7.6％
2003年	12.0％	41.8％	31.5％	6.8％	7.7％

資料：内閣府「高齢者介護に関する世論調査」（1995年，2003年）厚生労働白書，平成18年版．

わが国で介護というと、これまで「同居者」による介護が挙げられた。厚生労働省統計情報部「国民生活基礎調査」で65歳以上の者とその子との同居率を見ると、1980（昭和55）年の69％から1999（平成11）年に50％を割り、2005（平成17）年には45.0％になっている。高齢者で子どもの同居者がいる者はまだ介護が期待できるが、高齢者の単独世帯や夫婦のみの世帯の介護はどうなるのだろうか。ちなみに、65歳以上の者のいる世帯に単独世帯や夫婦のみの世帯の割合が1983（昭和55）年にはそれぞれ8.5％、19.6％であったが、2006（平成18）年には15.7％、36.5％にそれぞれ増加している。今後もこれらの世帯は増加が見込まれ、これらの世帯への具体的な対応が緊急の課題となっている。

高齢者夫婦世帯の介護問題は、子どもと同居者している世帯とは異なった問題を今日呈している。それは「老々介護」

という問題であり、老人が老人を介護するということで非常に不測の事態を呈しやすく、多くの問題が現実に発生している。介護保険制度実施後、毎日のようにマス・メディアで高齢者虐待、心中、殺人事件等が報道されている。老人が老人を毎日介護しているなかで、長い間の夫婦の生活上の軋轢、介護者本人の病気など自己のおかれた状態、明日の見えない果て度もなく続く介護、経済状態などから鬱積が一気に噴出し、悲惨な結末を招くことが多い。

介護保険導入直後の厚生労働省の別居している両親・子との間の手助け・世話に関する調査結果（厚生労働省： 2001）を見ると、本人から両親への手助け・世話は、上位三つが①「看病・世話」（32.9％）、②「悩み事の相談」（32.7％）、③「買い物」（22.0％）となっている。逆に、両親から子への手助け・世話は、①「子供の世話」（28.5％）、②「悩み事の相談」（25.3％）、③「生活費の援助」（16.8％）であった。この調査の分析結果は、親子間の手助けは金銭的援助よりも心理的ケアや世話が多いと結論づけている。

新しい介護保険制度などの導入を契機に、世論調査などで一般的に、老親の看護や介護などについて聞くと、制度の理念や実践方法などに理解を示し、意識の変化が調査に現れる。これまで介護は、イリイチ（Ivan Illich）の用語のシャドウワークのカテゴリーに入り、日が当たらなかった労働に介護保険が導入され、日が当たるようになったことは大変評価できる。在宅介護を同居の親族だけで行うことは労力、技術、時間等いろいろな面で限界があり、限界を超えての在宅介護は多くの問題を含んでいた。

介護サービスの利用は、ある程度の経済負担はあるが、それによって家族員の介護負担が減少し、高齢者虐待の減少に寄与するならば、制度導入の大きな成果の一つにあげることができる。

E．在宅介護における高齢者虐待とその対応

厚生労働省の委託による医療経済研究機構が行った在宅介護虐待全国調査（2003年から2004年にかけて、介護サービス事業者や病院など在宅介護関係機関約１万6800ヶ所を対象）結果によると、高齢者を虐待する者は、①「息子」32％、②「息子の配偶者（嫁）」21％、③「娘」16％、④「夫」12％、⑤「妻」９％、であった。虐待内容は「生命にかかわる危険な状態」に至る事例が１割という深刻さを示す実態であった。

高齢者虐待は、在宅だけでなく施設等においても多く見られるため、国は、2006（平成18）年４月、「高齢者虐待の防止、高齢者の養護者に対する支援等に関する法律」（通称「高齢者虐待防止法」）を制定した。この法律では、高齢者の「尊厳の保持」を守るために、虐待の通報義務や市町村の立ち入り調査や質問などができる等の規定が盛り込まれ、虐待を予防・防止することを目的とした。そして、その責務を国や地方公共団体が担い、介護者に対する「相談、指導および助言」体制の整備を行い、高齢者虐待の早期発見のための仕組とその対応を規定した。

この法律では、高齢者に対する虐待を①身体的虐待、②養護の放棄（ネグレクト）、③心理的虐待、④性的虐待、⑤経済的虐待、に区分した。高齢者虐待の中で最も多いのが養護の放棄であり、次いで、身体的虐待、と心理的虐待である。虐待される高齢者の80％は、後期高齢者（75歳以上）で、虐待原因は、長期に渡る介護疲れや介護者自身の体調などによることが多い。

この法律は、当然のことながら虐待の加害者予防への支援策でもある。それは、この法律が制定されたことによって虐待が少しでも未然に予防・防止できれば、在宅、施設を問わず、介護する者が加害者・被害者として苦しまなくてすむからである。

また、そうした高齢者の地域生活を支援するために介護保険法も2005年に大幅に改正され、2006（平成18）年４月から各市町村に、介護予防の拠点として地域包括支援センターが設立され、運営の公正・中立的な立場で、地域における介護予防マネジメントや総合相談、権利擁護、介護予防計画、高齢者虐待の早期発見などを担う中核機関として位置づけがなされた。この地域包括支援センターは、各市町村に設置される。

このように、在宅の高齢者虐待を取り巻く支援策は、着々と整備されつつあるが、他方、療養型病床の廃止が決定されているが、このことは今後社会問題化される可能性がある。高齢者を取り巻く介護の虐待問題は、今後も社会問題としての対応が求め続けられると思われる。

【引用・参考文献】

●安食正夫『異常社会学』川島書店，1966.

●大橋薫「家族問題の社会病理学　序説」大橋薫・高橋均・細井洋子『社会病理学入門』有斐閣，1989.

●Kreuter, F. R., *What is good nursing care?* , Nursing Outlook, 1957.

●厚生労働省政策統括官付政策評価官室「家庭と地域の支え合いに関する調査」(2001年)(2003年)。この調査は、世帯の20歳以上の最多所得者を対象（属性：平均年齢53.3歳、男性78.3%、女性21.3%、配偶者有74.9%、両親とも健在27.8%、父親又は母親のみ健在26.2%、両親とも死亡44.0%、子どもなし22.5%）とし、「あなたは手助けが必要になった場合、頼む相手はどこですか」の問いで、「手助け」の具体的内容の例として、「買い物」、「食事、洗濯などの家事」、「悩みごとの相談」、病気の時の看病・世話」、「親の世話」、「あなたの子の世話」、「冠婚葬祭などの手伝い」、「生活費の援助」で、最初に頼るところは第一位が親・子で63.2%、第２位がそれ以外の親族で17.0%、第三位が市町村で6.6%であった。

●庄司洋子「家族と社会福祉」『転換期の福祉問題』ジュリスト増刊総合特集，有斐閣，1986.

●袖井孝子『家族・第三の転換期』亜紀書房，1985.

●中村裕美子「家族であるということ」下山久之編『介護福祉士のための社会学』弘文堂，2007.

●内閣府「高齢者介護に関する世論調査」(1995年、2003年) 厚生労働白書，平成18年版.

●舩橋恵子「家族研究の現状と課題」井上俊ほか編『〈家族〉の社会学』岩波講座現代社会学19，岩波書店，1996.

●Merton, R. K. & Nisbet (eds.), *Contemporary Social Problems*, 4th ed, Harcourt Brace Jovanovich, 1976.

●目黒依子『個人化する家族』勁草書房，1987.

●目黒依子「現代主婦の地位と労働」石川栄吉・峰岸純夫・三木妙子編『家と女性—役割』シリーズ家族史4，三省堂，1989.

●森岡清美・望月嵩『新しい家族社会学』四訂版，培風館，1997.

●森岡清美「家族の福祉機能と社会福祉」望月嵩・本村汎共編『現代の社会福祉—家族問題への対応』培風館，1986.

●山田昌弘「『問題家族』の臨床社会学」大村英昭・野口裕二編『臨床社会学のすすめ』有斐閣アルマ，有斐閣，2001.

第 4 章

「地域」イメージと現実環境

宮島直丈

1

社会学の研究対象としての「地域社会」とは、
どのようなものなのか。
また、そのような研究視角誕生の背景とは。

2

「イメージとしての地域」研究とは。
「地域」イメージ研究の視角。「湘南」イメージの形成。
「地域」イメージと現実環境。「地域」イメージの現実化

3

「地域」イメージによる、まち並みの変化。
実例：「鵠沼1990－2006景観調査」（定点観測）
協力：前田忠厚（建築家）

1　地域社会について

A.「農村」／「都市」から「地域社会」へ

わが国の社会学においては、「地域社会」を研究対象とする領域を「地域社会学」と呼んでいる。わが国社会学の一分野（下位領域）として、この「地域社会学」が提唱され始めたのは、おおむね1960年代頃とされている。それまでのわが国社会学における「地域」研究には、戦前からの農村社会学、そして戦後になってからの都市社会学それぞれの業績が存在していた。「地域社会学」という新たな「地域」研究の登場は、従来までの農村および都市という研究枠組みではもはや捉えることができない「地域社会」の出現をその背景としている。

「都市聚落、農村聚落というごとき社会的枠組みを越えて、これら無数の聚落の上に、しかもこれら諸聚落間の社会的相互交流によって成立する統一的な一個の地域社会を発見しその構造と機能の分析に努める立場をあえて地域社会学と称するならば、地域社会学こそは社会学そのものの本来の姿であるはずである」といった関清秀の言葉は、まさに地域社会学誕生期の消息をよく伝えている（関清秀： 1963)。そして現在この国では、もはや純粋な農村というべきものはすでにわずかとなり、何らかの都市的要素を持った、すなわち都市化した農村が多数となっている。もはや農村・都市という二分法的手法で「地域」を捉えることは、現代社会を眺める上で現実的手法とはいえず、そこに「地域社会」なる新たな分析枠組みが求められたのであった。

このような、「地域社会」という新たな研究枠組みが、わが国社会学に登場したことの社会的背景として、戦後の大きな社会変動であった、高度経済成長による産業化、都市化があげられる。

産業化（industrialization）とは、科学技術などの高度な進展を背景に、生産組織の機械化、合理化、および生産性の増大といった、社会の産業構造の変化を指し、そのことの指標は一般に、産業就業別人口の変化によって表される。すなわち産業化とは、第一次産業就業人口の減少と第二次、第三次産業就業人口の増加として現れてくるのである。わが国の場合、1960年頃より、それまで就業人口の約半数を占めていた第一次産業就業者が減少し始め、代わって第二次、第三次産業就業者の増加が起こり始めた。この産業化の趨勢は、続いて人々の求職行動を主とした、人口の都市部への集中現象、いわゆる都市化を結果させた。この時期の都市部人口比の推移を国勢調査の結果から見てみると、1950年の37.3%、1955年の56.3%、1960年の63.3%、1970年の72.2%と増加の一途がうかがえる。

社会学における都市化とは、単なる人口の都市部集中のみを指して語られる概念ではない。都市社会学を生み出した研究者たち、いわゆるシカゴ学派の一人ワース（Louis Wirth）によれば、都市化とは、都市的生活様式（urbanism）の誕生と伝播の過程である。都市的生活様式とは、都市に特徴的な人々の生活様式であり、空間的凝離、社会移動の拡大、人間関係における第一次接触にかわる第二次接触の優位、親族関係の弱化、家族の社会的意義の減少、近隣関係の希薄化、非個性化、被操作的性格などである。

B.「地域社会」とは

それでは、いったい「地域社会」とはどのようなものなのであろうか。蓮見音彦によれば、「多くの国では地域社会という概念に関連して、ほぼコミュニティに対応する比較的小規模で自治団的な色彩の強い地域の統合、リージョンに対応する、共通な経済的文化的な特質をもったより広い範域の地域という二つの次元の地域社会がとりだせる」(蓮見：1987)とされる。また、わが国の社会学研究者たちがどのような意味を、この「地域社会」に持たせてきたかについてかつて整理をした後藤範章によれば、それは大別して以下の3つに区分される(後藤：1985)。

①リージョン(region)としての「地域社会」

②コミュニティ(community)としての「地域社会」

③自治体としての地域社会

①のリージョンとは、「地方」という言葉などに代表される、明確な範域規定はできないが、他と明確に区別されうる特徴をもった地域を指す。リージョンについては、次節にて詳しく取り上げる。

②のコミュニティは、そもそも社会学の分野では一つの社会集団類型を表す言葉として、マッキーヴァー(Robert Morrison MacIver)により提唱されたものである。マッキーヴァーは、コミュニティをアソシエーション(association)という対概念(目標達成のための機能集団。例えば会社、学校、組合など)とともに提示した。コミュニティとは、ある一定の地理的、空間的広がりを持ち(コミュニティの地域性)、構成メンバーに共通する目的によって自然発生的に生まれる生活共同体である。コミュニティの構成メンバーは互いに連帯意識、共属意識を持ち(コミュニティの共同性)、コ

ミュニティ内において共通する関心や目的が、自足的に満たされる。

この、コミュニティという「地域社会」の研究枠組みが、わが国社会学の分野に登場してきたことの背景には、1960年代後半からの、国のコミュニティ構想があげられる。1969（昭和44）年に、内閣総理大臣の諮問を受けて生まれた、国民生活審議会調査部コミュニティ問題小委員会報告書、「コミュニティ―生活の場における人間性の回復―」作成に参画した当時の研究者たちのコミュニティ論の基調は、園田恭一によれば、「今日の社会における連帯感の薄れや孤独感や無力感の深まりなどといった失われた人間性を回復するためには、市民としての自主性と責任を自覚した個人および家庭を構成主体とし、各種の共通の目標を持ったコミュニティを生活の場において形成していくことが大切である」（園田：1975）といった、高度経済成長を経て解体しつつある地域社会の連帯感、共同秩序を再生させようとするものであった。

③は行政区域として明確に範域規定が可能な都道府県、市町村などの自治体である。

以上のごとくに「地域社会」は大別されるが、「地域社会」を社会学的に研究する際には、それがいったいリージョン、コミュニティ、自治体のどのレベルでのものなのかの明確な認識が前提される。

C．リージョンとしての地域社会――「イメージとしての地域」研究

「地域社会」の一類型であるリージョンとは、すでに述べたように、明確な地理的、空間的な範囲規定は難しいが、そこを特徴づける様々な要素によって、明らかに他の地域とは

区別されて認識される地域である。言い換えるならば、それは、地図の上にはっきりと描き出し、特定化することはできないが、何となくこのあたりがそのような地域として、われわれが感じる場所である。コミュニティや自治体が、実体的に存在し、客観的に把握が可能な点に比べ、リージョンはいわば主観的に、われわれの認識というかたちで、めいめいの頭の中に存在する、いわばイメージとしての地域、主観的な地域と考えることもできる。

われわれは、たとえば「軽井沢」という言葉を耳にすると、そこから「避暑地・別荘地」という言葉を連想したり、また、「京都」や「鎌倉」などという言葉からは、「古都」という言葉を思い浮かべたりする。だが、その「軽井沢」や「京都」や「鎌倉」は、軽井沢町でも京都府、鎌倉市という自治体でもなく、われわれがめいめいに思い描く、イメージとしての地域である「軽井沢」、「京都」、「鎌倉」なのである。そこから、イメージとしての地域の社会学的研究は、なぜ、われわれがその地方に、ある固有のイメージを持つようになるのか、ということの社会的背景の考察へと向かう。

従来、社会学において、「地域」が研究される場合、新睦人によれば、それを、社会・生活構造体あるいは社会システムであるところの「地域社会」と見なして分析がなされてきた。すなわち、社会学における「地域」研究においては「『地域社会システム』という分析的な枠組」が取られなければならず、「地域社会研究の現状からすると、機能分析から構造的な分析に至る社会学的作業は必ずしも満足できるものではない。当面、何よりもわれわれにとって重要な課題は、人々の意識内的事象としてのみ捉えられようとしている地域社会の姿をより構造的な事象への関心によって社会学本来の軌道に返していくことであろう」(新： 1978) とされてきたのである。

ゆえに、認識上の地域なるものの研究は、どちらかといえば、隣接科学である地理学の分野に、これまでに特に見るべきものが多い。

地理学の下位領域である、人文学的地理学、現象学的地理学の領域には、地域のイメージに関する研究に、すでに一定の業績がある。かつて、フランスの地理学者ソール (Max Sorre) は、その著『地理学と社会学との接点』において、次のように語った。「社会学者にとっての空間概念を一つの定義で要約するのは困難である。社会学者は、地理的空間と比較して社会空間の特殊性を明らかにしようと努力するだけでなく、さらに人々が自分の住む社会空間に対して抱く映像(イマージュ) をも考慮に入れなければならない」(ソール：1968)。

「地域社会」に目を向ける場合、あわせて、これらの分野の業績にも目を向けて欲しい。自己の問題意識を、学問領域によって禁欲せずに、初学者にはいてほしい。「知の遊牧民」、「越境する知」(見田： 2006) こそが、社会学の学的アイデンティティなのだから。

2 「イメージとしての地域」研究

A.「地域」イメージ研究の視角

それでは、実際に、われわれがある特定の地域に、特有のイメージを持つに至る社会的背景についての考察を始めてみよう。そこで、ここでは、神奈川県南西部相模湾沿岸地方一帯を指して用いられる、「湘南」のイメージをその考察対象としてみたい。

「湘南」とは、まさに地図上に投影されることが可能な行政区域のように客観的に認識が可能な地域とはいえないだろう。この地方には、以前からその範域の明確化に関する議論が官民ともに根強い。この地方で使用される車のナンバープレート、いわゆる「湘南ナンバー」創設時や、この地方の市町村合併構想、いわゆる「湘南市」構想時、あるいは、この地方を走る鉄道の新駅構想時などでは、たびたび「湘南」の範域規定論議が活発化した。しかしながら、現在でもまだその議論には明確な答えが出されてはいないのである。

しかしここでは、その範域規定の問題には言及せず、人々が「湘南」のイメージを、いかなる社会的背景のもとに形成するに至ったかに照準して考察を進めていきたい。

ある特定の地域に、人々が特有のイメージを持つにいたるには、大きく分けて二つの契機がある。一つは、その場所を実際に訪れて、そこで得た風景、人々の生活の実態などの直接体験情報からイメージを構成する場合。二つめは、実際にその地方を訪れることはせずに、テレビ、新聞、ラジオといったマス・メディアを経由して情報が一度に大量に伝達されるマス・コミュニケーション過程を経て、間接的に得たその地方に関する様々な情報から、その地方のイメージを抱く場合である。高度に情報伝達手段が発達し、緻密な情報網が張り巡らされた現代の高度情報化社会において、人々が地域イメージを形成するのは、後者の場合により多く見られる現象である。人間一人が、一度に直接的に収集できる情報には限りがあり、にもかかわらず現代社会ははるかに大きく複雑化している。われわれが、マス・コミュニケーションに大きく依存せざるを得ないゆえんである。以下では、「湘南」のイメージが、このマス・コミュニケーション過程の中で、どのように形成されてきたのかについて考察してみる。

B.「湘南」イメージの形成

マス・コミュニケーション過程における、「湘南」のイメージ形成の端緒は、明治期のある文学作品に求めることができる。明治の作家徳冨蘆花は、その著書『自然と人生』の中に収められた「湘南雑筆」に、次のような湘南の描写を残している。

> 「梅雨はれて、まさしく夏となりぬ。障子開き、簾を下ろして座すれば、簾外山青く、白衣の人往来す。富士も夏衣を着けぬ。碧の衣すがすがしく、頭には僅かに二三條の雪を冠れり。青畳敷く相模灘の上を習々として渡り来る風の涼しきを聞かずや。」(徳富：1932)

1900（明治33）年に出版され、当時の一大ベストセラーであった『不如帰』の作者の名を、より一層世に知らしめることとなったこの作品は、同時に「湘南」の名とその風景をも世に広めることとなった。以来、今日まで、蘆花が描いた「湘南」の光景は、豊かな自然環境と居住環境とをシンボルとした、同地のいわば伝統的なイメージとして人々に継承されてきた。

一方、「湘南」のイメージからは、もう一つ欠かすことのできない構成要素を抽出することができる。それが、若者文化、風俗の舞台としての「湘南」である。やはり、この「湘南」イメージも、マス・コミュニケーション過程を通じて、われわれが認識するにいたったものである。そして、そのきっかけもまた、一つの文学作品に求めることができる。1956（昭和31）年に芥川賞を受賞した石原慎太郎の小説、『太陽の季節』がそれである。葉山や逗子をその舞台として展開され、ヨットに興じ、既成のモラルに反する行為を楽しむ若い世代を描いたこの作品は、単行本30万部売り上げのベストセラーとして世に迎えられた。この作品は、当時、文壇のみならず社会的にも大きな反響を呼び、「太陽族」、「慎太郎刈り」の言葉に見られるごとくの、戦後わが国ユース・カルチャー成立の、一大エポックメイキングとなった。以上のことから、この作品を、「湘南」のもう一つのイメージの契機と見ることができる。

だがしかし、『太陽の季節』で描かれた、葉山や逗子の光景、そして人々の日常的生活とは、当時、はたしてそれが一般的なものであったのかは、実はきわめて疑わしい。

『太陽の季節』が発表された昭和31年、わが国経済は、「もはや戦後ではない」と経済白書がうたったように、戦後の混乱期からようやく蘇生し、国民生活は次第に向上しつつあった。その結果、作品中に描かれたような、別荘を持ち、ヨットを楽しむという生活様式を享受できる若い世代たちが誕生してくることになるのであるが、しかし、そのような若い世代は、当時の若い世代全体から見るならば、まだ依然少数派であったのである。

『太陽の季節』から生まれた、「太陽族」と呼ばれた若者たちも、実際には「『ブルジョアの行動派的ドラ息子』という定義づけもあったように、その行動様式が、世代文化として若者の間に社会階層の枠を越えた広がりをもったとはいえない。当時の若者のマジョリティは、むしろ勤勉志向や成功志向を成人社会とともに共有していた。産業社会の主導的な価値志向に準拠するかぎり、同世代の太陽族も仲間というよりも、やはり金持ちのドラ息子にすぎなかった」(丹下：1984)という丹下隆一の指摘は、まさに当時の状況の冷静な捉え方である。

また、いわゆる地元の生活者が、当時のことを回想して述べるとき、『太陽の季節』の光景は、当時の現実的光景とは、やはり隔たりを持ったものとなってくる。「太陽族映画」のスターとして登場した石原裕次郎の死にあたり、地元神奈川新聞社には次のような一文が読者から寄せられた。「裕次郎さんは私と同じ世代。彼の日活映画は大抵見ている。ちょっとすねた、でも人間としてとても正直な青年、といった役を演じる裕次郎さんはすてきだった。映画の中の彼は妙にリアルで、生身の人間を感じさせてくれた。しかし映画そのものは、私の生活とは遠く隔たりのあるもので、鎌倉で学生時代を過ごし、何かといっては材木座、逗子、葉山の海で遊んだ私たちの日常とは異なった湘南だった」(みつはし：1987)。

地元雑誌『湘南ADO』のインタビューで語られた、『太陽の季節』の作者自身による、次のような発言も興味深い。「湘南というのは一種のリゾートですよね。だからその当時の湘南の洒落た雰囲気や風土を開拓し、作り上げたのは僕らのような外から来た人間や、別荘地、避暑地を求めてリゾートしてきた人たちだと思う。独特のソフィスティケーションがあった」。

さて、これまで見てきたように、『太陽の季節』を介して広まった「湘南」のイメージとは、同地方の現実的・一般的日常生活とは隔たりを生じていたのであり、それは、作者石原慎太郎によって描かれた光景だったのである。

C.「地域」イメージと現実環境

かつて、リップマン（Walter Lippman）は、その著『世論』のなかで、「擬似環境」という、われわれが把握している現実世界を表す概念を提示した。それは「真の環境があまりに大きく、あまりに複雑で、あまりに移ろいやすいために、直接知ることができない」ために、われわれが、自分たちが生きる環境に対して作り上げた「単なるモデル」を意味している（リップマン：1987）。

前節でもふれたが、わが国における戦災からの復興、国民生活の向上、余暇の出現、大衆の登場、すなわち大衆社会状況の現出は、同時に、ある情報を一度により多くの者に伝達する必要を生みだし、マス・コミュニケーションを進展させた。その結果、われわれは、瞬時にして大量の情報を、様々なマス・メディアから受け取ることができるようになり、国民一人一人の生活世界・環境は一挙に拡大することとなった。だが、マス・コミュニケーションという情報伝達過程の特徴である、情報の送り手と受け手の明確な役割分担、情報は送り手から受け手への一方通行という基本的仕組みは、マス・メディアからわれわれが受け取る情報が、送り手が現実環境の中からその一部を選び取ったものでしかないという事態を、さらにまた、その情報の真偽の確認が不可能であるという事態を生じさせることとなった。リップマンの提示した「擬似環境」とは、まさにそのようなマス・コミュニケーションの特徴そのものの中に、その成立要因をもっているのである。『太陽の季節』30万人の読者達も、その多くが、その作品を読むことから形作られる「湘南」のイメージが、作者によって切り取られた湘南の環境の一部でしかなく、またそれがどのくらい、現実環境と異なっているかということの確認ができない、といった事態を共有することとなった。

D.「地域」イメージの現実化

だが、前節で述べた、「湘南」のイメージ、すなわち「湘南」の擬似的環境は、同地方においてやがて現実化するにいたる。マス・コミュニケーションの末端部分に位置する「太陽の季節」の読者たちにとっては、その小説の光景が、彼らにとっての現実の「湘南」の光景になるという、かつて藤竹暁が提示した「擬似環境の環境化」という事態は、そのイメージを求めて同地方を訪れる者たちを落胆させないための様々な仕組みを、社会の側に用意させることとなるのである。

すなわち、「場所イメージ」の先駆的研究者であるレルフ(Edward Relph) が指摘したごとく、「マス・メディアは、その受け手が直接には経験できない場所に、単純化され選択されたアイデンティティを都合良く与えて、偽りの世界を作り上げようとする。そしてこれらの寄せ集め的なアイデンティティとステレオタイプにさらされた者は、決まってそれらの見方で実際の場所を経験するようになる」のであり、その結果、現実の光景は「要するに、イメージと実際の状況の両方が互いに一致するように巧妙に操作されて作られる」(レルフ: 1991) こととなるのである。この様な状況は、今日では主に、観光地という集客を目的とし、それによって社会生活の基礎を形成している場所ではすでに一般化している。日本人にとっては、今日親しみ深い観光地である、ハワイのイメージ研究を行った山中速人の以下のような指摘は、観光という行為とマス・コミュニケーションとの関連から生産される、地域イメージの性格を如実に語っている。「観光という人間行為は、元来、旅することが自己目的化された行為である。したがって、観光という行為を遂行するには、旅行に出る前に、すでに旅の目的地についてのイメージが形成されていなければならない。つまり旅行者は、すでに内面に形成されたイメージを確認するために、いいかえれば、『感じたいもの』を感じるためにはるばると目的地に旅してゆくのである。したがって、この観光という行為をビジネスとして成り立たせるためには、買い手の要求に応じた目的地のイメージが組織的に生産されて供給されなければならない。近代のメディアはこのようなイメージの供給にもっとも強力に関与してきたのである」(山中：1992)。

現実とは異なった状況が、現実のものとなることの研究については、すでに社会学には古典的業績がある。かつて、アメリカの文明史家ブーアスティン（Danniel J. Boorstin）は、その著『幻影の時代―マスコミが製造する事実』の中で、「擬似イベント」という概念を提示したことがある。「合成的な新奇な出来事」を指して呼ばれるこの概念について、彼は以下のような例をあげて説明を行った。

ある時、とあるホテルの所有者が、自分のホテルがどうしたら名声を高め、実績を上げることができるのか、とそのホテルのPR顧問に尋ねた。すると彼は、経営者がそのホテルの30周年記念祝典を開き、そのホテルがこれまで果たしてきた優れた業績に対して、人々の注意を喚起するようにというアドバイスをおこなった。そして、その祝典はまもなく開かれ、そのホテルは、所有者の望み通りの名声を手にすることができたのである。

さて、この事例に登場するホテルの30周年記念祝典は、明らかに「擬似イベント」である。なぜなら、①このホテルが本当に実績があり、優れたものであるかという事実に関係無しに（「擬似イベント」の現実との曖昧さ）、②そのホテルに実績と名声とがあるように人々に思わせるために、その祝典は仕組まれ（「擬似イベントの」作為性）、③その祝典が、新聞、雑誌、ラジオ、テレビなどのマス・メディアにより伝達されることにより、「これからホテルの顧客になるかもしれない人の心に影響を与え」、そのホテルが、実際にすばらしいものとなったからである（ブーアスティン：1964）。

すなわち、「擬似イベント」の特徴とは、イメージが実在を生み出すということであり、それは、かつて社会学者マートン（Robert King Merton）が語った「予言の自己成就」と同種のものである。ブーアスティンが紹介した事例は、およそ名声を博するはずもないホテルが、30周年記念祝典を意図的に開き（「擬似イベント」）、そのホテルの輝かしいイメージを伝播させることにより、人々から実際に名声を博するホテル（実在）となったことを、如実に物語っている。『太陽の季節』により生まれ、伝播した「湘南」のイメージは、やがてマス・メディア、観光業等による「擬似イベント」をへて、同地方に現実のものとなったのである。それ以降、「湘南」のイメージは、時代とともにその内容を重層化しつつ今日に至っている。現在の「湘南」イメージの構成要素は、もはや『太陽の季節』の頃よりも多岐にわたっているが、それらの詳細な提示については他日を期したい。本節の末尾には、やはりブーアスティンの前掲著書にある記述を引いておく。

「日本の辺鄙な村でも、正直な土地の人々は観光客ががっかりすることのないよう、昔から伝わる儀式をいっそう美しくしたり、時には変更してみたり、大規模なものにしたりする。旅行代理店と観光客の飽くことのない期待を満足させるために、土地の人々は愛想よく彼ら自身の物真似をしてみせるのである。一番よい季節の一番つごうのよい時間に催物を提示するために、彼らはもっとも神聖な儀式・祭日・祝典さえ戯画化してしまう。これらすべて観光客の便宜のためである」（ブーアスティン：1964）。

3　「地域」イメージによるまち並みの変化

前節において、「地域」イメージが、どの様に形成され、伝達されて行くのか、それにより、その地域の現実の光景を、どの様に変化させて行くかの過程について、社会的背景、仕組みを概説した。

本節では、これらにより、具体的に起こり得る事態へ目を向けてみる事にする。多くは、雑誌、テレビといったマスコミなど、或いは、来遊者などにより形成、伝達されて行く「地域」イメージ、つまりは、「外的要因によるイメージ・擬似環境」と、自然環境や、旧来からの住民が育んできた歴史や文化、言うなれば、「内的要因によるイメージ・現実環境」との差異であり、この乖離が大きい程、軋轢を生じる。例えば、地域住民の生活環境の変化、自然環境やまち並み改変へのプロテストといった、住民レベルでの活動などであり、この事は、「湘南」の地域においても、これまで幾度か指摘されてきた。

「別荘地」としての「湘南」イメージは、先に紹介した徳富蘆花の『自然と人生』にまでさかのぼることができ、同地方の伝統的なイメージの主要素となってきた。

しかし、今日までの「湘南」イメージの重層化の過程において、この要素はかなり古層に属するものとなり、変わって、その上に新たなイメージが堆積してきたのもまた事実である。

『太陽の季節』で誕生したイメージもまた、その新しいイメージに属し、高度経済成長期以降のレジャーの大衆化、マイカーブームなどに伴い定着して行った。その後、何回かのサーフィンブームとアメリカ西海岸的イメージ、近年では、「ハワイ」、「ロハス」などのイメージが、「海のイメージ」と呼応し、多様な様相を呈している。

ここで、建築的視点から、鵠沼の景観調査の実例を基に、「地域」イメージによるまち並みの変化についてみてみよう。古くから「湘南」の別荘地の一つとして知られてきた場所である。

前述の各層に属する様々なイメージの何れも、その根底に、自然環境がある事は間違いない。しかし、古層のイメージ、地域の歴史性などを知らない若い世代にとって、イメージは表層のものとなり勝ちであり、しばしば、これが一人歩きを始める傾向がある。

建築・まちづくりの本来は、歴史、文化、自然環境など「風土」に根差したものであり、かつての同地においても同様であったが、近年の海浜の観光開発や宅地開発の計画の多くが、表層のイメージによるものであり、それを模した色彩や形態、例えば、「椰子の木」を植える、周辺のまち並み、風情にはお構いなしに、極小化したハワイ・カリフォルニア風のまち並みを作ると言った具合である。これら、イメージによる環境変化を感じ取ってもらい、その是非を問うということはせずに、現時点での環境、まち並みをありのままに伝える形で、読者の今後の学習、研究への指針としたい。

現実の「まち」は、人が営みをする空間であるから、自然環境、歴史、法律、経済等様々な事柄が有機的かつ複雑に絡み合い成立し、また変化して行く。社会学同様、人文科学としての「建築・まちづくり」も、諸分野を貫くものであり、共同研究や情報交換の試みが肝要である。

近年の鵠沼のまち並み変化は、相続等に伴う分譲が主となる。かつては、500〜1,000坪の敷地の一部を、100〜150坪程度に分ける緩やかなものであったが、近年、デベロッパーにより、500坪全部を十数区画の建売分譲とする様な傾向が加速、急変している。

旧鵠沼別荘地は、日本初の近代的面開発（開道、鉄道敷設、リゾート施設、別荘地分譲等）の地、西洋のリゾート概念と、「真白き富士の峰、緑の江ノ島」と言った日本的情緒が融合しながら、特有の文化を育んできた場所である。一面の砂丘を居住地にするため、黒松の植樹が奨励され、道や家は地形に合わせ、自然と共に住まう、環境に優しい先駆的方法であった。

マスコミによる「湘南イメージ」、開発業者が創り出す「夢のカリフォルニアの家」、利潤追求のミニ開発により、100年以上守られ親しまれてきた「原風景」である、砂丘地形は平らに、松は伐採され、佇まいが消失すると同時に、まち並みの無国籍化とも言える現象を生んでいる。また、松の伐採は隣地に及ぶ事もあり、アスファルトとコンクリートで覆い尽くされる事により、雨水が地面に浸透せず、頻繁に道路冠水が起こるなどの弊害が出ている。奇しくも、環境、景観が問われる現在、他者が創出したイメージ、開発業者により、一地域が塗り替えられてゆく様子を見る事が出来よう。

ここを造り住まってきた人々にとって、細街路や鬱蒼とした緑で構成され守られて来た「環境」「景観」「まちの記憶」は共有財産である。建築協定や松の苗を植える活動が広まり、新たに居を構える人々にも、その意識が高まりつつある。

往々にして、災害時の安全性や日常の利便性、法令的側面から、一律の道路拡幅が行われ、玉石積みや松の木が失われる事も多いが、柔軟な対応、特例などにより、地域の景観や文化を伝える方策が必要である。例えば、砂利道の細街路は、雨水が浸透し、輻射熱も少ない。先人達が植えた黒松の老樹に覆われ、玉石積みが残っている部分でもある。鵠沼の歴史性を鑑み、「自然との共生」をまちづくりのコンセプトの第一義とするならば、これら細街路と、街路沿いの玉石積みや門を、消火栓や小規模な備蓄倉庫などの防災設備と組み合わせながら保全し、その内側の敷地を分譲、個々に建てる家は、それぞれの自由といった具合は如何だろうか。

博物館的保存でなく、化粧炭など松の産業化や、旧邸を利用した当地ゆかりの文士芸術家の記念館、松と竹垣のモデル街区等の総合的方向性も必要であろう。重要なのは、行政、市民、開発業者など全ての人の意識である。

1990撮影

別荘地　田園都市的　自然融合型

風景・地形＝情緒・風情＝共有の価値
松　玉石に竹垣　砂利道・細街路　鬱蒼とした　しっとりとした

まち全体が共有の庭
自然と風情を楽しみながら住まう共有概念からの発想

建ぺい率40～50％の場合、庭をとり中高木で緑化可能な敷地面積は、最低50～60坪必要だが、25～30坪の極小区画で販売される。これは、大凡100戸／haの住戸密度であり、多摩ニュータウン、下町密集地などに相応。(多摩ニュータウン等は、中高層化する事により、緑地を確保)
環境、地域の文化、原風景に配慮しない計画をする業者を排除しつつ、

2006撮影

都市密集地の建て方が、長閑な郊外住宅地に展開

椰子の木　ハワイ・カリフォルニア・南欧風

画一的な　人工的な　ドライな

　利潤追求、整然とした道路、利便性などの価値観からの発想

砂利道の保全や開発時の引き込み道の緑道化、街路沿いの松、竹垣、玉石積みを残し、旧邸の門は防災設備と組合せて小公園化するなど、景観要素を付加価値としながら、その内部を戸建て分譲、低層集合化する方法の検討が望まれる。まちづくりは、住民、行政、作り手など、そこに関わる人の善意と努力が必要となる。

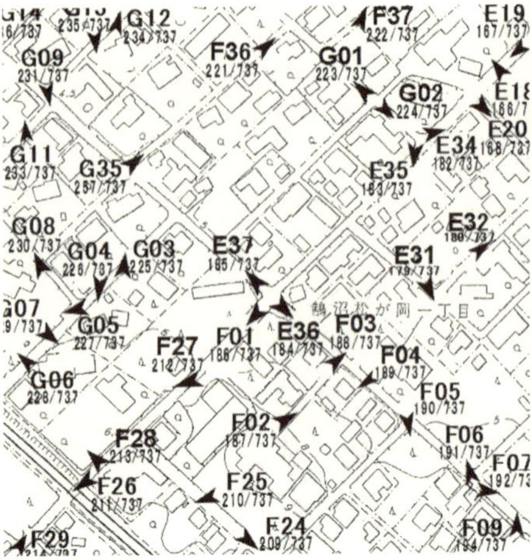

景観調査　　第一回1990年秋　第二回2006年初夏～晩秋　同アングル737箇所撮影

撮影点、方向などを記録しながら撮影。年代別の地図や空中写真から、緑地の減少、市街地形成の履歴を読解。例えば、複雑な細道路の街区形態は、旧来の自然発生的集落などからの発展型。そこに、太く直線的で、整然とした道路や街区が進入していれば、近現代の計画的なもの。市街地中心部の遷移などが判る。自分の目でまちを見て、撮影すれば良いが、見慣れた通りでも、看板、生垣など、テーマを絞り、意識して見る事で、発見がある筈。また、坂道・階段、T字路、カーブなど、空間のシークエンスが変化する部分、アイストップとなる大樹、建築などは、ポイントとなる。

構成要素の読解（資料整理・分析）

分析　撮影した写真を、松の木、玉石、竹垣、門など分類。更に、同じ門でも、和風、洋風、透過性、高さなどにより分別。

総合　文献、聞き取りなどによる成立過程（歴史、気候、文化、ライフスタイルなど）の多角的調査と併せ、常に「何故」と言う問い掛けをして行く。背景に「きもち」、理由が存在する。

評価　結果の再検証。まち並みを構成する「かたち」と「きもち」、コミュニティがあり、人々の感覚、イメージと時代・経済背景、価値観、質の変化など、様々な社会構造が見えてくるであろう。問題点やキーワードの抽出を行い、更なる調査研究へ。

【引用・参考文献】

●新睦人「地域社会とは何か」『現代社会学』9，現代社会学会議編，講談社，1978.

●後藤範章「我が国研究者における『地域社会』理解と『地域社会学』的分析の二視角」『社会学評論』日本社会学会，35巻4号，1985.

●『湘南ADO』プランニング・アドゥ，No.12夏号，1988.

●園田恭一「社会計画・地域計画と社会学—コミュニティ論・生活構造論の検討を中心に」山手茂他著『社会・生活構造と地域社会』戦後日本の社会と社会学第2巻、時潮社、1975.

●ソール，M.『地理学と社会学の接点』松田信訳，大明堂，1968（原著，1957）.

●関清秀「国土計画における地域設定の方法論—地域社会学的研究法の試み」『北海道大学文学部紀要』北海道大学文学部，11号，1963.

●丹下隆一『意味と解読—文化としての社会学』マルジュ社，1984.

●徳富蘆花『自然と人生』岩波書店，1932.

●蓮見音彦「行政村としての自然村—日本農村社会論の再検討」北川隆吉、蓮見音彦、山口博一編『現代世界の地域社会—重層する実相への社会学的視座』有信堂、1987.

●ブーアスティン，D.『幻影の時代—マスコミが製造する事実』星野郁美・後藤和彦訳，東京創元社，1964（原著，1962）.

●藤竹暁『事件の社会学』中央公論社，1975.

●見田宗介『社会学入門—人間と社会の未来』岩波書店，2006 .

●みつはし貴義『湘南の逆襲』神奈川新聞社，1987.

●宮島直丈「『湘南考—『主観的な地域』の社会学的検討へ向けての試論」『立正大学社会学・社会福祉学論叢』24号，1990.

●宮島直丈「『地域』・『空間』・『場所』—続「『湘南』考」」『立正大学大学院年報』第10号，1992 .

●山中速人『イメージの〈楽園〉』筑摩書房，1992.

●リップマン, W.『世論』掛川トミ子訳，岩波書店，1987（原著, 1922）.

●レルフ，E.『場所の現象学』高野岳彦・阿部隆・石山美也子訳，筑摩書房，1991（原著，1976）.

●景観調査写真資料

「鵠沼1990 - 2006‘かたち’と‘きもち’」景観調査資料

調査範囲：鵠沼松が岡、鵠沼海岸など、旧鵠沼別荘地及びその周辺、撮影点737箇所。前田忠厚（武蔵野美大院修了　前田忠厚アトリエ主宰）による。同資料の詳細は、事務所名でHP検索、ブログ「鵠沼断章」で公開。

第 5 章

日常社会における ジェンダー

菊池真弓

1

本章では、私たちの日常生活にとって身近な
学校、職場、家族といった集団における
性別役割、社会環境、法整備、制度の現状などを
ジェンダーの視点から問い直し、これからの
男女共同参画社会の構築にむけた課題を考えてみたい。

2

学校では、男女共学や学習指導要領の改正などの
検討に加えて、ジェンダー・バイアス、
隠れたカリキュラムなどが議論されている。
また、職場においても、男女間賃金格差、
育児休業及び介護休業の取得、職場環境としての
ハラスメントの問題などが課題となっている。

3

現代家族をめぐるジェンダーには、
家事・育児・介護の役割など課題が山積している。
多様な生き方を尊重する支援、多様な家族に対する
支援には何が求められるのであろうか。

1　ジェンダーの視点とは

私たち人間は、その社会の一員として生きていく上で、「生まれて」から「死ぬ」までの一生涯を通じて出会う家族や友人などとの人間関係、学校や職場など個人が所属する集団との関係、個人の日常生活とともにある地域社会など社会との関係から有形無形の影響を受けているといえる。

本章では、個人の人格形成や社会的価値形成などといった社会化の過程にとって欠かせない学校、職場、家族をジェンダーの視点から問い直し、私たちが「あたり前」のように考えてきた日常社会を改めて見つめなおしてみたい。

A．ジェンダーとは

ジェンダー（gender）とは、社会的・文化的に構築された性別のあり方を指す言葉である。簡単にいえば、「男はこう（あるべきだ）」「女はこう（あるべきだ）」といった社会的枠づけや、「男らしさ」「女らしさ」といった「らしさ」を意味するものである（伊藤：1998，2006）。こうしたジェンダーの視点とは、生物学的な性差であるセックスと社会的・文化的につくりだされた性差であるジェンダーとを区別し、両者の不連続性を提起するものである（木本：1999）。つまり、私たち人間は、男性または女性としてこの世に誕生し、それぞれの生物学的基盤をかかえて生活し、行動している。しかし、「男らしさ」「女らしさ」の行動基準や性役割規範は、生物学的基盤のみだけで形成されるのではなく、その時代や異なる社会や文化、個人の社会化の過程において出会う人びとや集団などによって変化するものと考えられる。

このようなジェンダーの視点は、性差に関する研究の蓄積と現代フェミニズム運動とが出会った1970年前後に意味づけられるようになる（木本：1999）。その代表的な研究として、人類学ではマーガレット・ミード（ミード：1961）、社会学ではタルコット・パーソンズら(パーソンズ&ベールズ :1981)などがあげられる。また、実存主義哲学ではシモーヌ・ド・ボーヴォワール（ボーヴォワール：1959）が「人は女に生まれない。女になるのだ。」と女性というジェンダーの形成過程に男性中心的な社会が強く関与し、女性自身もその要請に呼応せざるをえないことを指摘している。さらに、生物学的性差の自明性そのものを問い直す研究としては、ジョン・マネーら（マネー&タッカー：1979）の自己の性自認（ジェンダー・アイデンティティ）の研究などが精力的に発表されている。

ここでは、アメリカ合衆国出身の文化人類学者マーガレット・ミード（Margaret Mead）の研究したニューギニア地域の社会集団の中から、アラペシュ族、ムンドグモル族、チャンブリ族という比較的近隣に居住していた３つの集団を例にあげ、ジェンダーについて考えてみたい。

まず、アラペシュ族は、男女ともに「女性的」で優しく、子育てに強い関心をもっており、一方でムンドグモル族は、男女ともに「男性的」で攻撃的、子どもに無関心である。さらに、チャンブリ族は、男たちは繊細で臆病で衣装に関心が深く、絵や彫刻などを好むような「女性的」であるのに対して、女たちは頑固で管理的役割を果たし、漁をして獲物を稼ぐなど「男性的」な役割を果たしている（伊藤・國信：2002）。

このミードの研究の重要性は、その部族の文化によって人の気質や子育ての仕方が異なっていたり、ある部族では女性が生産労働に従事していたりと、文化、時代、地域などによって性役割や性意識が異なっていることを明らかにしたことにあるといえる。このことからジェンダー、つまり「男らしさ」「女らしさ」の行動基準や性役割規範は、生物学的基盤のみだけで形成されるのではなく、その時代や異なる社会や文化、個人の社会化の過程において出会う人びとや集団などによって変化するといえるであろう。

そして、ミードが異文化で行った実証調査をきっかけに、私たちにジェンダーへの気づきを与えてくれたように、私たちが「あたり前」のように感じて過ごしている日常社会の習慣や地域環境の違いなどを改めて見つめなおしてみることにより、そこに潜むジェンダーを捉えることができるのではないだろうか。

B．ジェンダーとセックス

セックス（sex）とは、英語で意味する「性別」のことである。従来、人の性別そのものはもちろんのこと、能力や性格などは生まれつき性別、つまりセックスによって決定されるものと考えられていた。これに対して20世紀後半の新しい性科学やフェミニズム思想は、そのような生物学的決定論の大部分が、男女間の社会的な不平等を正当化する偏見に過ぎないことを明らかにしてきた（加藤： 2005）。そこで、生物学的な性差であるセックスと社会的・文化的につくりだされた性差であるジェンダーとが区分して捉えられるようになったといえる。しかしながら、生物学的な性差であるセックスを、さらに性の多様性から捉えてみると、私たちの性は、必ずしも２つに分けられるわけではないことが明らかになってくる。

例えば、性の多様性を考えてみると、①性器の形や大きさ、男性器と女性器とをあわせもつ両性具有者＝半陰陽者（インターセックスとも呼ばれる）など、②性染色体の分類をみても、Y染色体やX染色体の組み合わせなど、③性ホルモンのバランスをみても、女性ホルモンや男性ホルモンのバランスの違いなど、人によって性の多様性が存在することが明らかになっている。さらには、④自分が「男であるのか」「女であるのか」「中性であるのか」という性自認（ジェンダー・アイデンティティ）、⑤異性にのみ性的な関心を抱く人びと（異性愛者）、同性にのみ性的な関心を抱く人びと（同性愛者）、両性に性的な関心を抱く人びと（両性愛者）といった性的指向性、⑥異性の服装（女装・男装）を好む人、中性のスタイルを好む人といった性表現なども多様化している（伊藤・國信：2002）。

わが国においても、性同一性障害（身体的には男〔あるいは女〕であるが、女〔あるいは男〕として生きることに安心感を覚える人）を抱える人に対して、性別適合手術を実施した事例、こうした当事者の切実な思いをテレビドラマや映画が取りあげるなど、性の多様性がクローズアップされるようになってきている。また、こうした性の多様性と「セクシュアル・ライツ」（sexual rights：性的権利性に関することは自己決定を第一に尊重しようとする考え）については、1995（平成7）年北京の国連世界女性会議でも提起されつつある。こうした動向からも明らかなように、性の多様性をめぐるさまざまな事例や議論を少数者の問題と片付けずに、私たちが過ごす日常社会や人間関係から改めて捉えなおしていくことが重要となるのではないだろうか。

このように、私たちの生物学的な性差であるセックスは、男と女と簡単に二分できない性の多様性をもっていることが明らかになったといえよう。また、ジェンダーとセックスとの関係を考えてみると、何がジェンダーに含まれ、何がセックスに含まれるのか、さらには両者の境界線をどこで引くかといった区分が難しいことも理解できるであろう。

2 学校におけるジェンダー

文部科学省『文部科学統計要覧』によれば、少子化の進行による子ども数の減少に伴って学校教育などの在学者数は、1980（昭和55）年代の2,700万人台をピークに減少に転じ、2004（平成16）年には約2,051万人になっている。しかしながら、学校とは、私たち人間の社会化はもちろんのこと、社会で必要とされる知識や技能を身につける大切な場であるといえる。

わが国の学校におけるジェンダーへの取り組みとしては、1985（昭和60）年「女性差別撤廃条約」批准を契機に、1993（平成５）年「中学校での家庭科の男女必修完全実施」、1994（平成６）年「高等学校での家庭科の男女必修実施」など、学校における男女共学や学習指導要領の改正などの検討が加えられている。

ここでは、学校におけるジェンダーとして、ジェンダー・バイアスと隠れたカリキュラムについての現状と課題を取りあげてみたい。

A．ジェンダー・バイアス

ジェンダー・バイアスとは、性別にかかわる偏見・差別や固定的な性別役割観のことである。日本におけるジェンダー・フリーの理念に基づく教育の柱には、①社会全体を覆うジェンダー・バイアスを認識し、その問題点について学ぶ授業実践、②学校教育そのものに内在するジェンダー・バイアスの是正などがある（加藤：2005）。

その代表例としては、中学校や高校における家庭科の共修があげられる。従来、小学校の家庭科は男女共修、中学校では男子が技術科、女子が家庭科、高校では家庭科が女子のみ必修と定められていた。つまり、家庭科は女子むきの教科、「男は仕事、女は家庭」といった固定的な性別役割がジェンダー・バイアスとなり影響を与えていたといえる。最近では、体育教育における男女混合体育（競技によっては男女が一緒に体育を行う）など、ジェンダー・バイアスを是正する取り組みが行われている。

また、教材として使用する教科書をめぐるジェンダー・バイアスをみると、作品やイラストなど男女の描かれ方の偏り、ステレオタイプ化されたジェンダー・イメージの検討なども加えられている。

B．隠れたカリキュラム

隠れたカリキュラムとは、学校において暗黙のうちに伝えられる価値や規範などのことである。ここでは、教育現場におけるそれらの代表例として、教員の男女比、学校の出席簿などを取りあげてみたい。

文部科学省「学校基本調査」をみると、学校の教員に占める女性の割合は、この40年間でかなり上昇している。しかし、小学校では1965（昭和40）年に女性教員の割合が50％を超えたが、大学ではまだ20％に満たないといえる。平成18年度の同調査から女性教諭の割合をみると、小学校65.0％、中学校40.6％、高等学校25.8％と小学校から中学校、高校と生徒の年齢が上がると、女性教員の割合は低くなる傾向に変化してきている。さらに、大学の全教員に占める女性の割合は１割台にとどまっている。これらの背景には、大学卒業後に大学院へ進学する者の割合が、平成18年度では男性15.1％、女性7.1％とまだまだ進学者に男女差があることにも影響しているといえるであろう。

また、男女別名簿、式典や学校行事の男女を分けての整列、「リーダー役は男子、補佐役は女子」といった男女を区別するといった学校習慣や固定的な性別役割などのジェンダー・イメージも隠れたカリキュラムとしてあげられている。

このように、子どもたちの社会化のモデルである教員の性別構成、男女を区別するといった学校でよく行われている隠れたカリキュラムの影響は、子ども達に知らず知らずに伝え、受け取られるジェンダー・バイアスの可能性があるといえる。今後は、性別や年齢を超えた教員ひとりひとりが、国、文化、時代、地域などによって変化するジェンダーとそれらが教育を通じて子ども達に与えるだろう影響を敏感に感じとり、学校という集団としてどのような教育が求められるかを考えて行くことが課題となるであろう。また、学校での子どもと教師との教育を通じた関係とともに、家庭における親や家族とのしつけを通じた親子関係、親と教師との連携が求められるのではないだろうか。

3　職場におけるジェンダー

私たち人間にとって、働くこととは、衣食住の生活財や所得の確保など、経済的安定を得るためにとても大切な行為である。少子高齢社会を迎えたわが国においては、性や年齢に関係なく、すべての人びとがそれぞれの地域社会で働くこと、家庭生活や地域社会の活動にも参加できるような社会構築が大きな課題となっている。

ここでは、職場におけるジェンダーの現状と課題を、労働条件の整備、女性の就業行動などを指標にしながら考えてみたい。

A．労働条件の整備

1985（昭和60）年に公布された「男女雇用機会均等法」（「雇用の分野における男女の均等な機会及び待遇の確保等に関する法律」1986年４月施行、以下では男女雇用機会均等法とする）は、労働における男女平等にむけた法律である。特に、2006（平成18）年に改正された「男女雇用機会均等法」（2007年４月施行）では、①男女双方に対する差別の禁止、間接差別の禁止など性別による差別禁止の範囲の拡大、②妊娠・出産等を理由とする不利益取扱いの禁止、③セクシュアル・ハラスメントに関する事業主の雇用管理上の義務の強化などが加えられている。

とすれば、この法律の施行や改正によって、わが国の男女を取り囲む労働条件として賃金、制度、労働環境などは改善の方向へ進んでいるのであろうか。以下では、男女間賃金格差、育児・介護休業取得、職場環境などの現状と課題を取りあげて分析を試みたい。

［1］男女間賃金格差の現状と課題

近年のわが国の労働力をみると、パートやアルバイトという形態の非正規雇用者が増加している。

2006（平成18）年の厚生労働省「賃金構造基本統計調査」から日本における正規雇用者など一般労働者における男女の1時間当たり平均所定内給与額の差をみると、男性一般労働者の給与水準を100とした時、女性一般労働者の給与水準は67.1となっている。また、男性一般労働者の給与水準を100とした時、男性パートタイム労働者は52.6となっており、依然としてその格差は大きいといえる。さらに、男性一般労働者と女性パートタイム労働者を比較すると、女性パートタイム労働者の給与水準は、男性一般労働者の46.8と非常に低い水準になっている。

このように、正規雇用者と非正規雇用者などの形態の違い、女性の場合は就業の中断など勤続年数の差が、男女間賃金格差、昇級・昇格の格差を生じさせる要因の一つとなっているといえよう。さらには、女性の就業行動に特徴的なM字型曲線、つまり女性の多くが1度は就職するが、結婚や出産、育児にさしかかる頃に離職する者が多いという傾向にもつながるといえるのではないだろうか。

今後の課題は、間接差別の禁止、つまり性中立的な規定、基準、慣行などが、他の性の構成員と比較して、一方の性の構成員に相当程度の不利益を与えていないかどうかの確認が重要になるといえよう。また、EU諸国のように、パートタイム労働者とフルタイム労働者との均等処遇についての法的整備、フルタイムとパートタイムの相互転換など処遇格差の改善が求められるであろう。

[2] 育児・介護休業取得の現状と課題

1991（平成3）年に公布された「育児休業法」（「育児休業、介護休業、育児又は家族介護を行う労働者の福祉に関する法律」1992年に施行、以下では育児休業法とする）は、育児を行う労働者の仕事と家庭の両立を支援する法律である。これらの法律は、事業主が講ずべき勤務時間、養育支援などの措置により、子の養育雇用の継続や再就職の促進を図ることが目的である。現在、少子化の進行に歯止めをかけたい政府は、2002（平成14）年9月に、育児休業取得率を2014年度までに男性10%、女性80%に達成するという目標を設定している。

2005（平成17）年の厚生労働省「女性雇用管理基本調査」から育児休業取得者割合の推移をみると、在職中に出産した女性または配偶者が出産した者に占める育児休業取得者の割合は、女性72.3%に対して、男性0.5%と極めて低い状況である。これらの育児休業取得者のうちの男女別割合をみると、女性98.0%、男性2.0%となっており、男女の育児休業の取得には大きな差があるといえる。

また、1995（平成7）年の「育児休業法」一部改正と介護休業制度の法制化により、介護休業制度の実施は、1999（平成11）年から一律に事業主の義務となっている。このことから、就業規則などに介護休業制度を明文化している事業所の割合は増加傾向にある。

2005（平成17）年の同調査の結果から常用労働者に占める介護休業取得者の割合をみると、女性73.5%、男性26.5%と育児休業取得者に比べ男性の参加が高いといえるが、介護休業の取得にも男女差が生じているといえる。

このように、育児休業の取得については、男女差が大きいといえ、今後は男性が育児休業を取得しやすい条件の整備とともに、職場の理解と協力が必要不可欠になるであろう。また、今後高齢化がますます進行する中で、1997（平成9）年「介護保険法」公布（2000年施行）といった法整備とともに、介護休業制度などの中小企業への浸透、介護支援の充実なども企業の重要な責任といえるのではないだろうか。

[3] 職場環境をめぐる現状と課題

1999（平成11）年「男女雇用機会均等法」の改正では、企業が、職場における性的な言動を防止する配慮義務をもつと新たに規定している。また、2004（平成16）年の男女共同参画会議女性に対する暴力に関する専門調査会報告書「女性に対する暴力についての取り組むべき課題とその対策」では、セクシュアル・ハラスメント（性的嫌がらせ）について、「継続的な人間関係において、優位な力関係を背景に、相手の意思に反して行われる性的な言動であり、それは、単に雇用関係にある者の間のみならず、施設における職員とその利用者との間や団体における構成員間など、様々な生活の場で起こり得るものである。」と定義している。

平成17年度に都道府県労働局雇用均等室に寄せられたセクシュアル・ハラスメントの相談件数をみると、相談件数は7,894件で、前年度に比べて188件（2.4%）増加しており、そのうち女性労働者などからの相談件数は6,505件（82.4%）で、前年度に比べ214件（3.4%）増加している。

また、2003（平成15）年の厚生労働省「女性雇用管理基本調査」からセクシュアル・ハラスメント防止に向けた取り組みについてみると、就業規則など書面での明文化、外部機関への参加やポスターなどの作成に取り組む企業が比較的多いが、規模が小さい企業ほど取り組みが弱いとの結果が明らかになっている。

このように、企業の責任として規模の大小に関係なく、職場におけるにセクシュアル・ハラスメント防止のための職場啓発、相談室の設置などとともに、被害者のプライバシー保護と中立性の確保のできる環境整備が課題となるであろう。また、女性労働者からの相談が多いとはいえ、男性労働者に対するパワー・ハラスメントに特徴的な女性から男性へ、男性同士のハラスメント問題にも目をむける必要性があると考える。さらには、職場以外の学校におけるキャンパス・セクハラ、アカデミック・ハラスメントなどの多様な集団におけるハラスメント防止のための啓発、相談室の設置などが今後の課題となるであろう。

C．女性の就業行動

2006（平成18）年の総務省「労働力調査」によれば、労働力人口は平均6,657万人で２年連続の増加傾向にある。性別にみると、男性は3,898万人（前年比３万人減）で９年連続での減少となり、一方で女性は2,759万人（前年比９万人増）で３年連続の増加である。

また、労働力人口率（15歳以上人口に占める労働力人口の割合）をみると、平均は60.4％となっており、性別にみると、男性は73.2％（前年比0.1ポイント低下）、女性は48.5％（前年比0.1ポイント上昇）である。このことから、女性の労働力人口に占める割合が徐々に増加傾向にあることが読み取れる。

しかしながら、正規の職員・従業員が役員を除く雇用者（非農林業）全体に占める割合を男女別にみると、1985（昭和60）年に女性68.1%、男性92.8%であったが、2006（平成18）年には女性47.3%、男性82.2%に至っている。つまり、正規雇用者が低下している一方で、男女ともにパートやアルバイトなどの非正規雇用者の割合が上昇していること、特に女性の非正規雇用者の割合は過半数を占めていることが明らかである。

こうした動向をみると、全体的に労働力人口は近年増加傾向にあるといえるが、一方で、非正規雇用者の増加（特に女性）が顕著である。それでは、なぜこうした男女の労働力人口に差が生じてきたのであろうか。

次に、総務省「労働力調査」から日本の女性の年齢階級別労働力率をみると、全体的に女性の労働力は上昇傾向にあるといえる。これは、女性の高学歴化や社会進出などが要因として影響していると考えられる。しかしながら、わが国は諸外国と比べて、女性の70%以上が１度は就職するが、結婚や出産、育児にさしかかる30～34歳頃に離職する者が多いという傾向にある。これらの現象は、労働力を示すグラフがM字カーブを描くことから、M字型曲線と呼ばれている（**図１参照**）。

以上のことから、日本の女性の就業行動は、それぞれの意思に基づく就業選択の結果といえる。しかしながら、女性労働者が増加し、子育て期にも就業継続を希望する者が多くなりつつあるのにも関わらず、実際には就業できていない現状については問題といえるのではないだろうか。こうした問題の背景には、「男は仕事、女は家庭」といった日本における性別役割分業の意識や規範、女性を一人前の労働力としてみ

図1　日本における女性の年齢階級別労働力率の推移

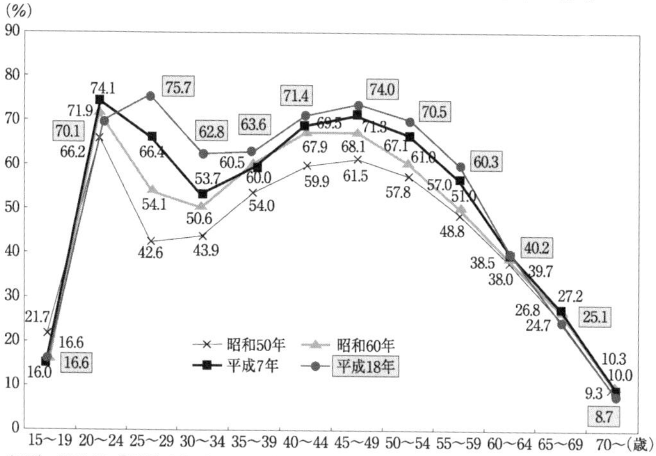

出所）総務省「労働力調査」より作成。

ない古い意識とともに、「女性は結婚したら家に入るのが当然」などという社会習慣の根強さが潜んでいるともいえる。さらには、諸外国に比べて、保育所などの社会サービスの遅れ、税制や年金制度、男性の家事・育児分担の未成熟などの課題が指摘できるのではないだろうか。

4　家族におけるジェンダー

少子高齢社会の到来とともに、現代家族には、晩婚化・未婚化、子育てにおける育児不安や児童虐待、老老介護、高齢者虐待などの深刻な社会問題が起こっている。

ここでは、わが国の性別役割分業の意識の変化、家事・育児・介護における役割の現状とともに家族をめぐるジェンダーについて分析を加えていきたい。

A．家族の役割構造

人間は、ある集団のなかで、その人がしめている地位とその地位に結びつき、期待される行動様式である役割をもっている。森岡は、家族の役割構造を「家族を構成する地位への役割配分から成り立つ構造」であると定義している（森岡：1997）。

2002（平成14）年の内閣府「男女共同参画社会に関する国際比較調査」の結果から「夫は外で働き、妻は家庭を守るべきである」という考え方に対する回答をみると、日本の場合は「賛成」とする割合がフィリピンに次いで高く、欧米諸国、特に北欧諸国と比較すると性別役割分業の意識は強く残っているといえる。しかしながら、2004（平成16）年の内閣府「男女共同参画社会に関する世論調査」の結果から「賛成」（13.8％）と「どちらかといえば賛成」（31.0％）を合計すると、日本においても男女ともに肯定する人の割合の方が5割を切っていることから、性別役割分業の規範がゆらいでいることを示唆しているものといえる。

次に、家族のなかでの家事・育児・介護の現状を取りあげてみたい。2001（平成13）年の総務省「社会生活基本調査」から妻の就業状況別に夫婦の1日の生活時間をみると、共働き世帯での夫の家事・育児・介護などにかける総平均時間が25分なのに対し、妻は4時間12分である。また、夫が有業で妻が無業の世帯では、夫は32分、妻は6時間59分であることから、妻の就業の有無に関わらず夫の家事・育児・介護などにかける時間は妻に比べて著しく少なくなっているといえる。

さらには、2004（平成16）年の厚生労働省「国民生活基礎調査」より、要介護者と同居している家族の主な介護者についてみると、「配偶者」（24.7%）、「子の配偶者」（20.3%）、「子」（18.8%）の順となっている。また、2003（平成15）年の内閣府「高齢者介護に関する世論調査」より、家族の中で誰に介護を望むかについてみると、男性は「配偶者」（78.3%）、「わからない」（7.6%）など、一方で女性は「配偶者」（41.5%）、「娘」（30.7%）などである。このように、介護の担い手や介護を望む相手においても、圧倒的に女性の占める割合が多くなっている。このことから、近年は共働きの夫婦が増加傾向にあるとはいえ、男は「仕事」、女は「仕事・家事・育児・介護」という現状が浮き彫りになっているといえる。

以上のことから、性別役割分業の規範には徐々に変化がみられるが、現実的には家事・育児・介護の多くの役割を女性が担っているという現状と規範とのギャップがみられる。そして、女性にとって出産・育児の仕事への影響は大きいこと、子どもは母親が育てるべきとする三歳児神話などのジェンダー意識がまだまだ根強いことが考えられる。また、特に男性の場合は長時間で過密な労働のために、家事・育児・介護に時間を費やすことができないことも問題であるといえるだろう。

今後の課題は、女性のM字型の就業行動でも述べたように、結婚退職などの企業内慣行、労働環境、仕事と出産や子育ての両立や継続できるような制度的支援などのフォーマルな条件の整備が重要になるであろう。また、少子高齢社会におけるさまざまな社会問題の解決には、祖父母など子育てや介護経験をもった人びとの協力、身近な地域社会の人びとの理解と協力による育児や介護のネットワーク化などのインフォーマルな支援も課題となるのではないだろうか。

B．家族をめぐる諸課題

最近の結婚動向を厚生労働省「人口動態統計」からみると、2005（平成17）年の平均初婚年齢は夫29.8歳、妻28.0歳であり、1975（昭和50）年と比べて夫2.6歳、妻3.1歳と初婚年齢が遅くなり、晩婚化が進行している。また、総務省「国勢調査」の調査から生涯未婚率（45〜49歳と50〜54歳の未婚率の平均値で、50歳時の未婚率を示す）をみると、これまで2％未満で推移してきた生涯未婚率は、女性は1970（昭和45）年から、男性は1980（昭和55）年から上昇を始め、2000（平成12）年時点で男性12.6％、女性5.8％と未婚化が顕著である。

これらの要因には、女性の高学歴化や社会進出などが考えられるが、個人化の進行、パラサイト・シングル現象（学卒後も親に基本的生活を依存して、リッチな生活を楽しむ未婚者、山田：2004)、結婚に対する意識の変化などの影響も大きいと考えられる。つまり、個人化の進行とともに、男女の役割や家族との関係性の変化が求められるといえる。

このような結婚のあり方が変化しつつある現在では、結婚する年齢はもちろんのこと、結婚はしない生き方、社会的承認の手続きをしない事実婚など、多様な結婚のかたちが考えられるであろう。それには、個人のライフコースの選択とともに、パートナーや家族の理解の上でどのような役割、つまりお互いを尊重できるような関係性をいかに築いて行けるのかが大切ではないだろうか。

一方で、離婚の動向について「人口動態統計」をみると、1980（昭和55）年に14万人であった離婚件数は、2002（平成14）年には29万人と倍増している。特に、熟年離婚や10代から20代の離婚率および離婚件数が急激に上昇している。これらの要因を考える上で、2005（平成17）年の最高裁判所「司法統計年報」をみると、家庭裁判所における婚姻関係事件の既済総件数は6万5,340件、そのうちの妻からの申立総件数は4万6,441件、夫からの申立総数は1万8,899件となっている。申立ての動機は、男女ともに「性格が合わない」（夫：61.0%、妻：43.9%）が最も多くなっている。しかしながら、女性の場合は、「暴力を振るう」（29.7%）、「精神的に虐待する」（25.0%）、「異性関係」（26.5%）、「生活費を渡さない」（23.7%）と申し立ての動機は多岐にわたっている。このように、離婚の増加とともに、配偶者などからの暴力、つまりドメスティック・バイオレンスの問題が深刻化しているといえる。

2002（平成14）年の内閣府「配偶者等からの暴力に関する調査」をみると、現在または過去に配偶者や恋人がいる（いた）男女のうち、「身体的暴行」が1、2度あったと回答した女性10.7%、男性7.1%、「心理的脅迫」は女性4.1%、男性1.6%、「性的強要」は女性5.6%、男性0.9%で、いずれも女性の割合が高いといえる。さらに、同調査によれば配偶者などから暴力を1度でも受けたことのある女性のうち、「だれ（どこ）にも相談しなかった人」は42.1%ということからドメスティック・バイオレンスは潜在化する傾向が強いことがわかる。

現在では、2001（平成13）年10月に「配偶者暴力防止法」（「配偶者からの暴力の防止及び被害者の保護に関する法律」）

が施行され、配偶者暴力相談支援センターの設置が進められているが、さらに一時避難所としてのシェルターの確保の他に、中期的、長期的な保護施設の確保、被害者と加害者の両者の状況に応じた暴力が繰り返されないための支援、加害者の子どもへの影響を考えた支援なども求められるであろう。

5 男女共同参画社会を目指して

ここでは、本章で取りあげてきた学校、職場、家族におけるジェンダーを整理しながら、男女共同参画社会の構築を目指していくための課題について考えていきたい。

学校では、学校制度や教材などで子ども達に知らず知らずに伝え、受け取られる可能性のあるジェンダー・バイアス、教員の男女比、学校の出席簿などの隠れたカリキュラムとジェンダーとの関係性が明らかとなった。次に、職場では、女性の場合は子育て期に職を離れる人が多く、その就業の中断が男女間賃金格差、昇級・昇格の格差につながり、一方で男性の場合は育児休業及び介護休業の取得者が少ないなどのジェンダー問題があげられた。また、職場環境としては、男女に共通するハラスメント問題も浮き彫りとなった。さらに、家族をめぐるジェンダーでは、性別役割分業の規範は徐々に変化がみられるが、現実的には家事・育児・介護の多くの役割を女性が担っているという現状と規範とのギャップが課題としてあげられた。また、多様化する結婚のあり方とともに、離婚件数が急増するなかドメスティック・バイオレンスの問題などが深刻化していることが明らかとなった。

以上のようなジェンダーの課題解決には、個人が自分自身を考え、人生選択をしていくことともに、パートナーや家族との理解と協力の上でお互いをいかに尊重できるような関係性を築いて行けるのかが重要になってくるであろう。つまり、私たちの人生の中で、自らがどのような生き方を選択するのか、学校、職場、家族といった集団との出会いの中でその相手とどのような関係性を築いて行くのかが問われているのである。

例えば、学校においては、それぞれの個性とジェンダーに配慮した教育はもちろんであるが、性別や年齢を超えた教員や親たちが、現代社会に存在し変化し続けるジェンダーをいかに敏感に感じとり、どのように教育に活かして行くのかが課題となるであろう。また、職場においては、育児と仕事を調和させる育児休暇、介護休暇、勤務時間の短縮、パート労働の均等待遇、保育所の整備などの支援策であり、家族においては、結婚の有無や性別に関係なく、それぞれのライフコースに応じた選択と役割関係などが重要となる。そして、これらの取り組みは、現在わが国が進めている仕事と生活の調和（ワーク・ライフ・バランス）といった男女共同参画社会の実現にもつながることであろう。

さらには、今日のジェンダーを考えていく上で大切なことは、多様なニーズを充足させるためのジェンダー教育や啓発とともに、それに必要な物的資源の整備と人的資源の理解と協力が求められるであろう。それらは本章でも明らかにしてきたとおり、学校におけるカリキュラムの見直し、女性にかかる家事・育児・介護の負担軽減、男性の長時間労働の改善、ハラスメント防止のための啓発や相談室の設置、配偶者暴力相談支援センターの設置など、制度や環境などの物的資源の整備が共通の課題となるであろう。また、私たち人間がその社会で生きていく上では、家族や友人との人間関係、学校や職場など集団との関係、日常生活における地域社会などの社会との関係といった人的資源、つまり個人の生き方を支えるさまざまの人びとと理解と協力のネットワークが重要になるであろう。

【引用・参考文献】

●池内靖子・二宮周平・姫岡とし子編『21世紀のジェンダー論』晃洋書房, 2004.
●伊田広行『はじめて学ぶジェンダー論』大月書店, 2004.
●伊藤公雄・樹村みのり・國信潤子『女性学・男性学―ジェンダー論入門』有斐閣アルマ, 2002.
●伊藤公雄・牟田和恵編『ジェンダーで学ぶ社会学』世界思想社, 1998.
●伊藤公雄・牟田和恵編『ジェンダーで学ぶ社会学　新版』世界思想社, 2006.
●岩内亮一編『社会問題の社会学』学文社, 1993.
●江原由美子・長谷川公一・山田昌弘・天木志保美・安川一・伊藤るり『ジェンダーの社会学―女たち／男たちの世界』新曜社, 1989.
●加藤秀一・石田仁・海老原暁子『図解雑学　ジェンダー』ナツメ社, 2005.
●鎌田とし子・矢澤澄子・木本喜美子編『ジェンダー』講座社会学14, 東京大学出版会, 1999.
●厚生労働省編『平成19年版　厚生労働白書』ぎょうせい, 2007.
●国立婦人教育会館編『男女共同参画、はじめの一歩を家庭から―家庭教育事業推進のための理論と実践』大蔵省印刷局, 2000.
●清水浩昭・森謙二・岩上真珠・山田昌弘編『家族革命』弘文堂, 2004.
●杉本貴代栄『ジェンダーで読む21世紀の福祉政策』有斐閣, 2004.
●高島秀樹・岩上真珠・石川雅信『生活世界を旅する』福村出版, 1994.
●独立行政法人国立女性教育会館編『男女共同参画統計データブック2006』ぎょうせい, 2006.
●友枝敏雄・山田真茂留編『Do！ソシオロジー』有斐閣, 2007.
●内閣府『平成19年版　男女共同参画白書』日経印刷, 2007.
●パーソンズ, T. & ベールズ, R.『家族』橋爪貞雄他訳, 黎明書房, 1981（原著, 1956）.
●ボーヴォワール, S.『第二の性』生島遼一訳, 新潮文庫, 1959（原著, 1949）.
●マネー, J. & タッカー, P.『性の署名　問い直される男と女の意味』朝山新一他訳, 人文書院, 1979（原著, 1975）.
●ミード, M.『男性と女性―移りゆく世界における両性の研究（上・下）』田中寿美子・加藤秀俊訳, 創元社, 1961（原著, 1950）.
●森岡清美・望月崇『新しい家族社会学（四訂版）』培風館, 1997.

第 6 章

職業・労働主体の方位

齊藤幹雄

1

戦後の経済成長を支え推進してきた日本的雇用慣行における、
年功制、終身雇用、企業別労働組合などの、
特質を概略する。
しかし日本的雇用慣行は、情報化・サービス経済化、
グローバリズムや市場経済化、高齢化の波にさらされ動揺している。
その揺れ動く実相を「規範的な雇用」と称した定義から検証し、
終身雇用の対極としての雇用フレキシブル化を抽出する。

2

組織人の一種である「会社人間」とその問題などをとりあげる。
それからの打開への視座として、
“労働から職業へ”のシフトと、仕事・職業意識の意義を述べる。

3

職業分類とその動向をアメリカとの比較を交えて、把握する。
その上で重要性を増す専門職の
職業的自律にかかわる諸課題や葛藤について考える。

1　日本的雇用慣行の特質と動揺

A．日本的雇用慣行の特質

［1］主柱としての年功制、終身雇用制、企業別労働組合など

日本的経営および日本的雇用慣行は、日本の社会構造を集約・具現するといっても過言ではない。日本的経営の源流が「イエ制度」から発生したにせよ、「ムラ社会」からであるにせよ、この慣行は集団主義と称される経営・組織風土のなかで醸造されてきた。日本的経営の何たるかは、アベグレン（James Christian Abegglen）が日本企業の調査を通じて1958年に著した『日本的経営』の考察によるところが大きい。彼の著作では日本的雇用慣行の特徴として、年功序列制と終身雇用制などがとりあげられた（アベグレン：1974）。以来、産業界・学会をはじめ広く日本固有の制度であることが認識された。そこで議論に入る前に、日本的雇用慣行の主柱について従前からの定義・概念を簡略に整理しておこう。

①まず年功賃金制については、学歴別に決めた初任給に始まり、経験と勤続年数を積み重ね、年齢を増すにつれて職務序列を昇進し、昇給していくしくみといってよい。それは、学歴・勤続年数の長短が賃金決定要因に大きく作用する体系であり、定期昇給制度を主柱として企業での生活給的性格を併せもちながら、結果的に技能序列に対応する。年功賃金は勤続年数を積み重ねるに連れて習熟する技術・技能の度合いを反映した能力給的性格であり、加齢とともに増える生計費に対応するとされる。また、若・壮年期における「貢献＞賃金」の不等式と、中高年期の「貢献＜賃金」の逆不等式とい

った生計費曲線および生産性曲線は、職務遂行能力が横這いないし低下気味になる中高年従業員にとって、家族を含めた生活保障的機能と年功報酬による恩恵的意義をもつのであり、長期勤続によって生涯賃金のバランスがとれるしくみでもあった。

②次に終身雇用とは、ひとたび企業等の組織に就職した正規従業員は、よほどの特殊事情がないかぎり、原則として解雇されることがなく、定年までその企業に永年勤続する慣行をいう。採用は新規学卒者が優先され、企業は彼らを企業内で教育し、技能の向上によって昇進・昇給が行われ、長期勤続者ほど有利な退職金をもらえる。

③企業別労働組合は、文字通り同一企業（事業所）雇用された従業員をもって組織された労働組合であり、欧米における個別企業を超えた職業別あるいは産業別に組織された労働組合が中心となっているのとは大きな違いがある。

企業別組合の特徴および構造は、(a)工職混合の一括組織だが、(b)その範囲は正規従業員に限っており、原則的には非正規従業員は除外される。(c)ユニオンショップ制を敷いていること。(d)会社との団体交渉の権限は企業別単位組合（単組）にあり、人事・財政等の自主権と独自の規約を有す。(e)組合役員は職場の中心人物から選出される場合が多く、また大企業組合で専従になった組合幹部も任期が終われば元の社員に復帰し、管理職になるケースもある。(f)企業ごとの個別・特殊な問題や労働条件などの改善に関する協議や交渉をしやすくする。(g)そこにおいて見逃すことができないのは、組合活動の要としての職場委員の存在と役割である。非管理職である職場委員は専従ではないので、経営側から睨まれる場合もあるが、仲間の世話役・まとめ役・代弁者となって苦情や個別の問題を具体的かつ速やかにとりあげ処理することで、経営側にとっても有効な機能（彼らを取り込むという意味も含めて）を果たしている。(h)“会社あっての組合”という意識が働き、経営の立場を考慮するため、団体交渉力は弱い（齊藤：2000）。

④上記３つの制度と密接につながる福利厚生・企業福利（employ benefits）についても触れておこう。企業福利は企業が賃金給与以外の形で従業員（その家族も含めて）の福利（労働条件・生活諸条件の改善）を施し、それが企業の発展に結びつくよう、企業が費用を負担し金銭・現物・サービス給付を含む諸活動・施策である。とはいえ労働費用（総額人件費）の中で２割弱にのぼる従業員への福利厚生費は、従業員にとっても必要とされるメニューが少なくなく、いわば「社会的賃金」としての機能・性格を帯びてもいる。

社会保障を基盤に据えたEUの「職域福利」（occupational benefits）であれ、市場機能を盛り込んで労使共同で設計・運営するアメリカの「従業員福利」（employee benefits）であれ、欧米の福利は職域を中心としている。それに対し日本では企業内福利が発展した。企業内福利は日本的雇用慣行の一翼を担って有効に機能し、労務管理の脈絡において企業が主体となって主導してきた。すなわち、企業内福利は1980年代まで現物支給が中心であり、低賃金の補充、退職後や不時の場合の生活保障を含めた社会保障の肩代わり、帰属意識あるいはモラール（morale）の高揚を意図した人間関係管理の一環、労働力再生産のための労働力の保全、良質な労働力の確保・育成・定着の方策を主眼とした。

以上の企業福利を含めた日本的雇用慣行を貫く概念について、間宏（間：1971）は、かつての家族的温情ではなく、経営者の社会的責任としての従業員への福祉的配慮・向上を中軸とした労使協調ないし労使一体論を「経営福祉主義」と呼んだ。また、津田真澂は、生活共同体化する日本的企業経営における基礎原理の機能の基底に、全人格的生活環境を担う福利厚生制度を確認しようとした。日本的雇用慣行をこのように形容・掌握する基底には、互酬的関係による社会的統合が働いていたように管見する。

[2] 評価と変遷

①当初アベグレンの『日本的経営』にあっては、日本の低い生産性・非能率の原因は技術的要因からではなく、前近代的な社会的組織にあるとした。能力・仕事の効率に応じた賃金制度ではない属人的な年功賃金制、そして自由な労働移動や柔軟で機動的な人材活用が成されないとして、終身雇用制が問題視された。

②ところが、日本的雇用慣行への評価は二転・三転する。非能率の温床を抱え込んでいるとして批判された制度・組織運営は、戦後の経済成長を支え工業化を成功に導いた原動力として、むしろ高く評価された。すなわち(a)コミュニティとしての企業・職場集団、(b)タテの互酬的関係、(c)合意にもとづく意思決定といった規範が、年功序列賃金制、終身雇用制、企業別労働組合と相まって、歴史と文化に根ざした日本特殊性に関心が寄せられた（1977年の第二回OECD視察団の報告書「労使関係制度の展開」)。仕事給やアメリカの職務分析の手法を導入し温情的専制の払拭を掲げつつも、“長幼に序あり”といった儒教倫理、擬似共同体としてのウチモノ意識や企業一家的観念を植え付け、年功的労使関係を形成してきたのである。年功的労使関係は、従業員の職員・工員の身

分的職階構成、定年退職までの福利厚生を含めた雇用・生活保障、永年勤続を基本とする秩序のもとでの忠誠と抵抗の社会関係という制度的枠組みから成立した。それは、学歴別の職務階層構成に編成替えされ、中途採用者を含む全従業員に対象を拡大することになる。

昭和30年代後半から40年代半ばの高度経済成長期に日本的雇用は、会社組織への求心力・凝集性、高い帰属意識によるモラールの高揚、労使協調を軸に据えた。貿易の自由化を背景に“欧米に追いつけ・追い越せ”をスローガンとする生産性向上運動は、「キャッチ・アップ型能力主義」として結実した。

③さらに、オイルショックをいち早く乗り越えた昭和50〜60年代には、マイクロ・エレクトロニクスをはじめ技術革新への適応や産業転換に対応した効率化・生産性向上を、OJT（on the job training 仕事をしながらの教育訓練）を中心として個別企業の特殊訓練が施される形で能力主義が推進されてきた。この年代は「内部昇進型能力主義」とでも形容できる。そういえるのは、長期勤続に立脚して「内部化」された（企業内にとり込まれた）キャリア形成・能力開発が、技術革新を通して経営環境の変化に有効に機能したからである。

「内部化された技能」は、経営側からの教育訓練投資・費用の回収・期待される高収益（企業の生産性向上・高業績）と、他方、従業員側からの転職・離職によるリスクの回避および長期勤続にもとづいて形成される。内部化による技能向上・キャリアアップがひいては個人の成長との見事な協和・インタレストの一致を可能にした。小池和男に従っていうなら，そこでは年功によって置換される「まぎれのないルール」の制度化と「職の保障」の実現の意義が強調される。企業内での長期にわたる「仕事競争」を通じてキャリアや知的熟練を形成し、仕事や能力の習熟度で賃金を支払う昇進・昇給の処遇システムを具体化した「職能資格制度」は、日本的雇用慣行で育まれた「良質な人材育成システム」として正当化されたのである（小池：1981）。

④しかし、バブル経済の崩壊、冷戦構造の終焉を境にした世界的な価格競争（メガ・コンペティッション）・グローバリズム、IT革命によるデジタル・エコノミーの席巻をターニングポイントとして日本的雇用慣行は、その胎内に宿していた矛盾や問題が噴き出し、批判の対象として槍玉にあげられることになった。すなわち、(a)年功賃金制は、初任給の上昇・下方硬直化と中高年層の増加によって、賃金・退職金コストを高め、高コスト構造が企業収益を圧迫する。(b)終身雇用は、従業員の帰属意識や安心・安定感をもたらすが、自由な職業選択・移動を阻害しかねず、組織にしがみつき、協調という名の同調をはびこらせる。(c)仕事の成果や能力に応じた評価・賃金・処遇・配置がなされず、画一的な管理を派生する年功制は、組織の活力を削ぎ、従業員の自主性や革新的創造の芽を摘んでしまう。

上述の欠点や内在する逆機能の問題解決として近年クローズアップされてきたのが、成果・業績主義（performance-based pay system）である。

能力発揮・生産性向上・企業業績への貢献等に応じた賃金・処遇への高まりを糾合する成果・業績主義は、集団主義人事から個別的人事あるいは積極的な達成動機を前面に押し出す。いい換えれば、“強い個人主義”を前提にした市場機能によるダイナミズムをとり入れ、職位も仕事の結果によって決める個人間の「賃金競争」を促し、人材の市場的価値を高めようとするのである。もっとも、成果・業績主義賃金とはいっても実際には毎月決って支払われる給与にではなく、ボーナス・賞与で格差支給され、業績給が反映されるケースが多い。とはいえ、業績・成果給の導入は“誰のための、何のための目標管理か”を問わずにいられない。ノルマ化した目標設定、自由裁量および権限が乏しいなかで短期的な利益を追求する働き方（働かされる）を強いる人事労務管理は、長時間労働の温床ともなっている。

B．雇用構造のフレキシブル化

かつて小泉幸之輔（小泉： 1978、1992）は、「(A)定時の出勤・就業を繰り返す就業様式（勤務形態）、そして(B)新規学卒の定期採用から始まって、(C)個別企業色に染めあげた教育訓練、(D)企業内部でキャリアを形成しながらの昇進・昇給、(E)定年・退職金と連なる慣行によって築きあげられた雇用姿態」を「規範的雇用」と呼んだ。そして、年功制・終身雇用制を支えに内部化された会社中心の規範モデルとは異なった雇用が顕在化し、併せて労働市場の錯乱を指摘していた。そこでいま揺れ動く日本的雇用慣行を、上記の定義に則して検証してみることにする。

［1］サービス経済化と勤務形態・雇用形態

①下線部(A)については、9時～5時といった定時の勤務時間で顔をつき合わせて（同じ職場）仕事をする働き方が後退し、非正社員ばかりではなく正社員も巻き込みこんで勤務形態の弾力化と雇用形態の多様化が前進している。

ユーザーや顧客に対する多様なサービス供給や経営の多角化は、コンビニエンスストア、外食産業、宅配業、カタログ販売、スポーツや総合レジャーなどの対個人関連サービスを、そして各種情報サービス、事務処理、ビル管理等のメンテナンスサービス、ビジネススクールなどといった対事業所サービスを数多く登場させ、新しい仕事、多様な勤務形態を派生している。また専門的知識・情報とサービスの融合は、医療、健康、教育、金融・保険、ファッション、情報通信などの分野でも新たな労働力需要を伸張させている。これら都市型産業と呼ばれるもののなかには、深夜・休日24時間営業の企業・事業所が少なくない。そのような所では機動的で柔軟性に富む勤務形態が目立つ。従来からある早出・遅出・夜勤といったシフト制のほか、フレックスタイムやサムタイム勤務、在宅勤務やテレワーク、SOHOなど、自由裁量の余地が多い弾力的なワーキングスタイルを望む人が増えてもいる。さらにサービス経済化とネットワーク社会の進展は、自己の能力・資格・キャリアを活かし、複数の職場で働く「多重職場」を生み出し、登録型の勤務・ワーキングスタイルもめずらしくなくなった。

②また、かかる変化は勤務形態の弾力化と重なるが、カテゴリーが異なる雇用形態の多様化をもたらしてもいる。正社員比率の低落と裏腹に増大する非正社員は、もはや雇用者全体の1/3を占るに至った。総務省統計局「労働力調査」(2004年調べ)によると、雇用期間に定めのある非正社員は、1993年の986万人から2004には1,555万人に増え、その雇用形態も多様化している。その1,555万人のうち最も多いのは5割弱にのぼる(767万人)パートタイマーであるが、増加率では派遣労働者(労働者派遣事業所の派遣社員)が目立ち、アルバイトの21.8%に続いて、257万人と非正社員全体の16.5%に達するまでになった。その他の雇用形態には契約社員、嘱託

社員、臨時・季節工、日雇いなどがある。

雇用形態の多様化を促す背景はサービス経済化の進展にあるが、それについて触れておこう。いうまでもなくサービスが物的財と区別される大きな特性は、(a)それが無形であって、(b)保存したり計量化するのが困難である点に求められる。(c)サービスは、それが需要されるその場所で、その時に供給されなければならず、空間的にも時間的にも需要と供給は一致していなければならない。このことはサービスの立地条件が消費者の身近なところ、あるいは利便性の高いところにある必要がある。

次に、(d)時間的にみてピーク時とそれ以外における稼働率を常に考慮してサービス供給を調整しておくことが不可欠になる。それは小規模単位で消費者ニーズに即応しようとし、(e)稼働率の増減に合わせて調整可能な労働力を調達し、「フロー型雇用」への依存を強めることになる。サービス業が労働集約的であるという事由も、こうしたサービスの特性から派生するのであり、それはパートタイマー、アルバイト、派遣労働者といった多様な雇用形態で働く非正社員が活躍する場でもある。ただ、サービス産業では「規模の経済性」を図ってチェーン化する動きもあろうが、多くの場合、多品種少量生産・販売、マーケティング・セグメンテーション（市場細分化）を進展させる。すなわち、情報化ネットワーク化と融合し、脱規格化・多様化・分群化する過程で「範囲の利益（スコープ・メリット）」を追求する局面も増えてくる。

［2］雇用（人材）の流動化

③下線(B)に関しては、新規学卒者の定期採用は景気変動の影響を受けやすいが、新卒者の採用方式として一般化してい

る。日本で当然のごとく行われている定期採用は、欧米では必ずしも卒業が同時に就職することと直結するわけではない。定期採用が慣行化したのは、明治末からの重化学工業化の推進における熟練工不足に対処すべく、大企業では企業内で職工教育制度をつくって基幹工を内部で養成・確保した。その際、安価で潜在的可能性をもつ良質な新規学卒者を囲い込むように、定期採用したのである。定期採用が主流であるのは大企業ほど強く、中途採用は欠員補充などの場合であり、むしろ例外的でさえあった。

ところが、近年では中途採用が活発にかつ継続的に行われ、即戦力人材としての専門的・技術的能力や人脈が求められるようになった。新規学卒者の正社員としての就職内定率の伸び悩みは、こうした転職市場の前進と無縁ではない。ともあれ、年間に350万人が労働移動（離・転職）する動態は、雇用流動化の時代を裏づける。

④下線(C)にあっては、キャリア形成にもつながるOJT（仕事をしながらの教育訓練）を中心とした企業内教育訓練への比重は大きく、その意義・役割も認識されている。

しかしながら、新しい商品とサービスの創出に重点を置き、多様化・個性化・流動化した時代に適合したマーケティング戦略が不可欠になると、従来のように企業内で長い時間をかけて人材を育成していくゆとりが少なくならざるを得ない。こうした動向は、人材派遣業からの外部人材の調達・有効活用、および先にあげた中途採用が一般化する要因となるとともに、外部労働市場の成熟化への過程であり、資格社会と形容される状況を派生させることになる。

ひるがえって考えてみると，日本で企業内教育がこれほどまでに発展してきたのは，むしろ新規学卒者などの外部労働市場が未成熟であったが故に，OJTを主軸にした「内部化モデル」が有効に機能しえた。しかし高等教育や各種専門教育の普及と相まって，企業外で汎用的なマネジメント知識や技術スキルを修得する機会が増えてくると，個性（能力）を最大に活かしながら，より多くの収入，新たなキャリア形成を求めようとする気運が高まってくる。こうした観点からすれば，ますます「教育訓練の外部化」が大きなウエイトを占めるものとなる。

［3］固定的人件費の低減（変動費割合の比重増加）

⑤下線(D)に目を転じると、いくつかの企業内職場を経験しながらキャリアを向上し、それを年功賃金制と連動して昇進・昇給する慣行は、リストラクチュアリング（業種・業態の再編成）や台頭する成果・業績主義と相まって、採用、賃金、異動・配置、処遇、評価のルールの改編を現実のものとしている。

すなわち世界的な価格競争を背景に、(ア)高コスト体質の温床としての年功賃金制のみならず、準固定的となっている総額人件費負担を削減して収益率アップをはかろうとする。正社員の雇用は賃金・賞与のほか募集採用費、福利厚生費、教育訓練費、諸手当などがかさむが、このコストを低減し、労働費用を可変的要素あるいは変動費として扱う経営管理が見受けられるようになった。(イ)また、生え抜き・子飼い社員が優先される「内部昇進制」は、長期勤続・定着による「内部化」の促進が特定企業へのロイヤリティーの効用と生産性向上をもたらした。だが、経営革新・組織の活性化が緊要となるなか、外部人材の登用とその異化作用、人材の市場的価値、個人の能力の強みとしてのコア・コンピータンスが強調され、「内部昇進モデル」だけでは済まなくなっている。

⑥下線(E)についていうと、長期雇用にあって増大する退職金負担は企業にとって、会計用語でいう簿外負債となっている。一方、従業員にとっては、倒産、解雇に至らないまでも、希望退職募集などの雇用調整、片道切符としての転籍、合併・買収など雇用不安に遭遇することで、退職金は不良債権化しかねない。

［4］終身雇用の対極としての雇用フレキシブル化

⑦終身雇用といっても、「良好な雇用機会」に恵まれた人達は、雇用者全体のうち広義にとらえても20〜25%、狭義に解釈するとおよそ10%にすぎないという試算もある（神代：1990)。さらに、全雇用者の3/4は「企業に非定着の移動労働者」で占められ、すでに離・転職問題が横たわっていたとの見解も見逃せない（高梨： 1990)。あたかも多くの雇用者があてまるかのように思われてきた終身雇用を基底とした規範的雇用は、公務員や一部大企業で定年まで雇用される人にしか見出せず、すでに希少性を帯びていたのである。

⑧その希少性をめぐる対象者は、転職経験のない男性（正社員）標準労働者を典型モデルとするのであり、したがってこの範疇に離・転職や非正規社員が多い女性が該当することは、元来乏しかったといわざるをえない。

こうしてみてくると、日本的雇用慣行の動揺は、規範的な終身雇用制の対極としての雇用構造のフレキシブル化としてとらえることができよう。雇用フレキシブル化は、(a)雇用形態の多様化、(b)人材流動化、(c)勤務形態の弾力化、(d)固定的人件費の削減といった４つの側面で広範囲にくりひろげられているのである。

情報化・サービス経済化といった変化を背景に雇用は、正社員を中心とした「ストック型雇用」から、非正社員を多く活用し雇用の流動化が頻繁な「フロー型雇用」へシフトする。そうしたなかにあっては、成果・業績主義にみられる市場経済化の席巻と、それによる人材の市場価値・職業能力の向上が喧伝される。だが半面では、雇用不安が蔓延し、長期にわたる人材育成のゆとりやキャリア形成の機会が失われつつある。なお、個人の側からも勤労観の変化やワーキングスタイルの多様化が、雇用フレキシブル化を促してことも見逃せない。

2　仕事・職業意識の意義

A．「会社人間」の肖像

「就社ではなく，本来は就職であるべきだ」「よらば大樹の蔭」「安定性か、苦労は多いが将来性か」「ゼネラリストからスペシャリストへ」「高まる専門職・キャリア志向」…。多種多様な言い回しで，職業選択や就職活動への心構えや職業的ライフスタイルの価値がキャッチコピーのように報じられている。こうした職業選択ないし職業生活をめぐる様々なオリエンテーションや方策は，会社組織への適応に重心をおくこれまでの組織人としての規範と、それに対する自我とのかかわりを、改めて問うているように思える。

また従前から日本では，勤労を尊重する気風はあったが、職業を個人の能力発揮や個性の発揮の場として考える概念は稀薄だった。そこでは一般的にチームワークや他者との協調性が唱えられ、自我はむしろ殺して控え目が美徳とされてきたことへの問題の根深さと無縁ではない。冒頭のフレーズは、自我を生かしたいとする欲求の高まりと職業生活の方向性を模索する姿が，企業内に固定された「規範」的雇用を問い直す仕方で表出しているといってよい。

かつてホワイト（William Hollingsworth Whyte）は、その著『オーガニゼーション・マン』で、組織の巨大化・複雑化における主体の問題について、全人格的に組織にコミットし、集団への同一化や帰属意識（group identification）への強い願望を抱く「組織人」の出現を浮かびあがらせた（ホワイト：1959)。組織へのコミットメントの度合い（服従、同一視、内在化）や対応の差こそあれ、巷間いわれる「会社人間」は「オーガニゼーション・マン」と重なる性格をもつといえるのではあるまいか。

その「会社人間」と形容される人達に対する印象は近頃、芳しくなく、風当たりも強い。「会社人間」に対して抱かれているイメージや指摘される問題は、インパーソナルな規律をからめて、会社の都合に従業員が振り廻されて組織に迎合する姿であり、職場・家族・コミュニティのバランスを欠き個人生活を犠牲にするところにある。

「会社人間」は、第２次大戦後から高度経済成長にかけて形成・確立し、オイルショックや低成長を経てバブル崩壊に至るまで、広く企業で働く日本人の行動様式の典型的タイプであるとされる（間： 1990)。彼らは、先進国のサラリーマンに共通した「組織人」の一種ではあるが、それにとどまらず、日本的特殊性ともいうべき「集団主義」に依拠した行動様式・意識を身につけているところに特徴がある。

「集団主義」のそれは尾高邦雄によれば、会社を運命共同体ととらえ、従業員の欲求充足に先んじて企業の存続、繁栄を最優先して考えるという価値を内包する人間である（尾高：1984）。かかる「集団主義」に根づく「会社人間」は「雇用安定に資する終身雇用、昇給・昇進における年功制度、生活全般にわたる広範な福利厚生などが長期にわたって施され、従業員は会社の存続、発展のため自己犠牲を強いられたにしても、自分や家族の生活の安定、向上のため受容した」（安藤：2006）という意味で少なからず自己愛に根差していたといってよい。

B．労働から仕事・職業へ

いわゆる“3K職場”などのイメージがつきまとうように、近年、労働という言葉（労働者、労働組合を含めて）が忌み嫌われているようだ。労働は、(ア)自然に対して働きかけ、生活に有用なものを生産する。(イ)非遊戯的であり、肉体労働に代表されるように苦痛（travile）を伴う。(ウ)賃労働としての性格、すなわち生産手段をもちえない労働者は、自らの労働力を商品として売らなければ生活できないのであり、ここに階級・階層分化を生じさせる、といった三つの側面からとらえられる。

人間が生きていくために必要な価値を創出する労働（labor）には苦役や労苦を伴う。しかしながら、賃金や労働条件の改善がなされたとしても、労働の質が変化し、肉体や頭脳を使って何かを創造し、それをやりがいや働き甲斐に結びつけようとする働き方に関心が寄せられている。そうした働き方は、労働ではなく仕事（work）としてとらえる契機となっている。仕事や職業をめぐる多様で高度な欲求の発露は、知識社会の展開と無縁ではない。そこでは経営への参加、自由裁量の余地の拡大、権限の委譲と相まって、知的でヒューリスティック（非定型的）な仕事への性質や魅力、達成感を伴うことを求める。また、対人関係という人間活動の基本的な要素がビジネスの中核となっているサービス産業の職種には、顧客満足への企画や新しい価値の創造などの活動が、仕事をするという観念を抱かせる契機となる。

労働から働き甲斐や仕事のやりがいに重心を置くスタンスは、所属する組織にではなく、仕事それ自体にロイヤリティーを求める「仕事意識」あるいは「職業意識」を培う。それは個性・能力の発揮による達成感や自発的動機づけ、仕事または職業を通して自己のアイデンティティーをどう具現するかを主題としよう。自己の存在意識を仕事によって確認するのが「仕事意識」だとしても、「仕事意識」にもとづく職業活動は、他者や組織との関係性・相互作用を抜きにしては成立しない。職業活動は複雑に専門分化している現代社会にあって、組織の内外から様々な制約を受けながら営まれている。強まる他者との相互依存関係において、職業・仕事の市場的価値を多少とも折り込みながら個人が組織とどう向き合い、いかに仕事意識が自己実現への契機を促すかが問われてくる。職業的自律をめぐるあり方は、まさにこの難題を含意とするのである。

C．「幅広い専門性」と「仕事意識」

日本的能力主義は仕事の成果・業績による賃金競争（wage competition）にではなく、複数の職場・職務を経験し長期にわたってキャリア・技能を形成する、いわば「仕事競争」（job competition）に比重がおかれていた。初期キャリアからミドル・キャリアを経てキャリア・アンカーに至るキャリア形成、職務拡大（job enlargement）さらには職務充実（job enrichment）へと連なる人材育成システムは「幅広い専門性」や「知的熟練」を培い、「内部昇進モデル」を築きあげてきたのである。

しかしながら職能資格制度と対応する「内部昇進モデル」は、特殊訓練を施され技術・技能が内部化されることで、いわば年功的タテの序列に組み込まれてしまう嫌いがある。それに対し「幅広い専門性」はキャリア形成に不可欠であるにとどまらず、職業的自律の余地を拡大するはずである。すなわち、実際の仕事は計画立案（plan）、実施（do）、結果の評価（see）といったマネジメント・サイクルにおいて自律的に調整しながら仕事の質的な深みと革新性（多様な変化への弾力的かつ的確な対応）を発揮することで成り立つ。精通した職務分野や専門性を基底にした「幅広い専門性」の確立は同時に、組織への帰属意識よりも仕事それ自体にロイヤリティーを抱く「仕事意識」を高める契機となる。そして「幅広い専門性」にもとづく「仕事意識」の高揚は、他社にも通用する仕事能力として市場的価値を帯び、さらには生産手段の所有へと進展することもある。

専門的職業能力によって裏づけられた「仕事意識」は、組織に埋没する個人、年功序列におけるラット競争（遅い昇進）と、能力発揮への機会や権限・自由裁量の余地が不充分であった仕組みに不合理性を投げかけ、組織と個人の架け橋として位置づけようとする志向性があったのではあるまいか。しかし近頃「仕事意識」は、「個」を重視する業績・成果主義の席捲と相まって「選職」の時代を生き抜き、人材流動化を加速する自由な職業選択を掲げる、「市場性」豊かな

“強い個人主義”のイデオローグを装ってしまったようだ。「仕事意識」の本義は、仕事自体へのロイヤリティーとそれを介したアイデンティティーの確立、あるいは「職の実体化」による自己実現が、ひいては職業的使命観を導くところにある。

D．職業の意義

『職業の倫理』（尾高：1970）などの著作で尾高邦雄は、社会と個人の結節点として職業をとらえ、人生・社会生活における職業の意義を力説した。職業は、(a)衣食住の糧を得るための「生計の維持」、(b)「天職」の自覚にもとづく「個性（能力）の発揮」、(c)社会的に期待される職分を遂行する「役割の実現」の三要素による、継続的な人間の活動と定義したのである。

生活基盤としての経済的営みは、依然として重くのしかかっているが、生活の糧を得るためには能力を高め、仕事のやりがいをつかむ「個性の発揮」によって人間的成長を図ることを不可欠とする。同時に分業が発達した社会では、継続的に仕事に就きながら社会的役割を分担し、職業人として生きることが大切になる。職業の三要素をもとに、職業を通じた勤労の価値を描きあげたのである。労働とは区別された三要素の相互連関による職業概念とその意義は、社会学的ロマンティシズムを漂わせるとしても尊重されるべき重要な拠りどころに他ならない。

ところで、今日一般に用いられている職業（occupation）は、社会的分業による組織上の地位と役割を示し、社会的地位を規定する指標の一つでもあるが、専門的職業（profession）のように自らの専門性にもとづいて社会的役割や職責を遂行し、それによって職業アイデンティティーの確立につなげることができる。

とはいえ、標準化・マニュアル化された労働、“「業」あって「職」なし”を甘受せざるをえない就業様態、私的営利としてのビジネスマインドにかりたてられたパフォーマンスなどが広範囲に顕在化し、職業の理念・意義が置き去りにされている。また「豊かな社会」や情報化・サービス経済化の進展に伴って、コンサマトリー consummatory（享受的）な価値が前進し、ワーキングスタイルが多様化するなかで、職業観は勤労の精神を培うことにとどまらない多面的・多層的な価値を派生させているように思われる。

社会的役割の実現という視点で職業をとらえると、職業的自律は他律性と不可分の関係、つまり職業が「自己本位」ではなく「他人本位」によって成り立っていることを認識しておきたい。その含意を夏目漱石の「道楽と職業」（夏目：2001）にみることができる。一部の芸術家にみられるように道楽は自分のためにするのに対して、職業は他人のために行うものであるという。財やサービスを生産・販売した利益で自らの生活を営めるのは、顧客のためにしているからである。顧客のためにしたことがひいては自分のため（利益）になるというのは、職業によって自己の存在意義を確認するとともに、社会的使命感、職業的倫理を育むことを意味する。まさに職業こそは、社会と個人を結ぶ架橋的役割（結節点）を担っているのである

＊ここでは職を（天職としての）仕事を通して自己実現を図る概念として把握されたい。

3 変貌する職業分布と専門職の多様化

A．職業別労働力構成の動向――アメリカとの比較

産業社会は「優れて技術進歩、計画化、組織化された社会」（青沼： 1969）であるとしても、その進展に貫かれている本質は機能分化にあろう。生産力の最大化と効率化を促す機能集団の派生は、機能集団内部も機能分化するかたちで組織化され、多様な職業がつくりだされてきた。分業の発達・機能分化による職業の変遷は、同時に産業構造の変化・高度化に対応した「専門職の時代」の到来といっても過言ではない。情報化・サービス経済化において、ガルブレイス（John Kenneth Galbraith）が掲げた「組織された知性」やドラッカー（Peter Ferdinand Drucker）らのいう知識労働者としての顔をもちながら、専門職は裾野を広げている。

こうした動向を見据えて、まずは職業別にみた労働力構成（大分類）を把握しておこう。また、併記したアメリカのそれとの比較は近未来への手がかりとなろう。

昭和25年からおよそ4半世紀ごとの3時点でとらえた**表1**では、農林水産従事者の激減、工業が中心であった時代の生産工程技能職の高い比率、そしていわゆるホワイトカラー職種の増加といった趨勢を容易に読みとれる。かかる変貌は、衰退・消滅する産業・職業がある一方で、新たな職業を誕生させる物語ともなろうが、装いを新たにしただけで本質的機能は変わってない職業、枝葉ないし小亀であったものが本流となり親亀を凌駕して進化する産業・職業が少なくないことにも留意しておきたい。ここではその詳細を説明する余

表1　職業別の労働力構成

職業	1950年	1975年	2004年	アメリカ(2003年)
合計(万人)	35,628	53,015	63,300	135,485
比率%／**指数**	100.0	100.0	100.0(**100.0**)	100.0(100.0)
専門技術職	4.5	7.6	14.1(**72.7**)	19.4(100.0)
管理職	1.9	4.3	3.0(**19.9**)	15.1(100.0)
事務職	8.6	16.7	19.4(**148.1**)	16.7(100.0)
販売職	8.4	13.3	14.8(**124.4**)	13.3(100.0)
サービス職	4.1	7.0	11.3(**80.1**)	14.1(100.0)
農林漁業従事職	47.8	13.7	4.63(**184.0**)	2.5(100.0)
技能・運輸・労務作業職	24.7	35.9	32.1(**32.1**)	23.7(100.0)
その他、分類不能	0.0	1.5	0.8(―)	――

注）( ) 内**太字**はアメリカを100としたときの日本の各職業指数。
資料：国勢調査。アメリカは『Yearbook of Statistics 2003』1975.
〈2004年の日本およびアメリカについては『活用労働統計』より転載〉

裕はないが、脱工業化社会へと移行する1975年から2004年にかけて注目しておきたい、いくつかの特徴がみてとれる。

すなわち、55年間における管理職、事務職、販売職については若干の増減があるものの、さほど多きな変化はない。これらに比べて専門技術職は4.5%から14.1%と10%弱の増加をみせており、販売職さらには事務職をほどなく上回ることが容易に予想される。それはアメリカの職業分布からも予測できよう。ともあれ産業の情報化および情報の産業化がサービス経済化と結びついて、各種ソフトウエア、金融保険、福祉医療、環境関連分野、学術・文化、そして研究開発への需要の高まりを確認できる。

①専門技術職の増勢はしかし、アメリカと比較するとまだ肩を並べるには至ってないようだ。アメリカを100.0としたときの日本の専門技術職は7割強にとどまっている。これか

らみて今後さらに専門技術職は増える余地がある。

②管理的職業ではアメリカと大きく水を開けられており、日本の3.0%（2004年）に対して、アメリカは15.1%（2003年）にものぼる。管理的職業の増加が今後みられるとしても、プレーイング・マネジャーとしての役割が求められる日本では、純然たるアドミニストレーターの職務だけでは済まされない事情があり、アメリカの水準に迫ることはないように思われる。

③一方、アメリカの比率を上回っている事務職、販売職、生産工程技能職、運輸・建設・労務作業職についてみると、IT（情報通信技術）が広範囲に加速するなかでの中間組織・間接部門・仲介業の再編成、価格競争、製造業の海外移転、省力化・スリム化などの影響で減少傾向を辿ると推測される。とはいえ、ネットワーク社会の進展とともに最終消費財・サービス供給の多様化、営業力の強化、各種技術メンテナンスなど新たな仕事が派生する。したがって職業小分類上では、まだら模様を呈しようが、減少幅は大きくないと考える。いわゆる“歩のない経済”は成り立たつまいが、これらの職業の少なからぬ割合は高付加価値化・知識集約化時代に対応した職種転換が緊要となろう。

④サービスの職業では、福祉サービスやライフスタイルの多様かつ高度なニーズに対応したサービスが、つまり労働集約的でその場限りの「消失的サービス」だけではなく、「ホスピタリティー・サービス」や情報・知識を媒介として「形式知」に体系化・一般化する「システマティック・サービス」を次々に生み出してこよう。

B．専門職の職業的地位と社会的価値・役割の葛藤

大きくつかんだ前述の職業変動は、サービス経済化、知識社会、グローバル市場経済化が絡み合ったうねりでもあった。そうしたなかで専門職は、社会の主要な価値をめぐる諸問題に取り組む担い手となっているといってよい。また、専門職や管理職以外の職種でもなんらかの専門的知識・ノウハウをもっている。そうであれば、かかる営みを専門的職業の在り様を通じて探っておかなくてはなるまい。

[1] 専門職とは

専門職はサービス経済化に伴って、そのニーズ・内容も多様である。「現在は医師、法律家などの典型的な専門的職業のほか、公認会計士、記者・編集者、研究者、技術者、著述家などが含まれる。ソーシャルワーカー、教師、薬剤師、看護師などの職業については、半（semi）あるいは擬似（quasi）専門職とする分類法もある。専門的職業か否かという判断は相対的なもので、はっきりとした境界があるわけではない」（上林：1999）のである。その就業上の地位は、自営業者として独立あるいは協同で働いている場合があるが、多くが雇用され、組織（企業）に属している。のみならず、ネットワーク化社会にあっては、企業側の必要に応じて適時調達される登録型の即戦力人材として扱われてもいる。

こうなると専門職は、「高度に体系的な知識と訓練に基礎づけられた、専門技能サービスを依頼人の求めに応じて有償で提供する、本来的には奉仕性と倫理性とが要求され、それゆえに実際には社会的威信の程度が極めて高い職業」と定義された伝統的・典型的専門職の姿だけではとらえきれなくなる。もとよりこの典型的専門職に宿されている理念モデルを

否定するつもりはない。けれども上述の変容は、彼らの社会的地位とそれへの承認、専門性それ自体の問題、専門的知識・技術にもとづく組織内での処遇や役割への期待と組織との軋轢など、さまざまな課題を投げかけているのである。

[2] 専門職の課題

①専門性それ自体の問題についていえば、今日の情報化社会では、彼らの拠って立つシーズ（種）としての専門的知識・技術それ自体の希少性を後退させ、知識社会の隘路ともいうべき状況にさらされている実相がみてとれる。それはIT(information technology)社会と知識のあり様をめぐる問題の提起を意味する。すなわち、知識が優越する経済においてITは労働生産性や付加価値を高め、知識創造による経済成長の実現に大きく寄与する。ITは無形財であるデジタル財を支えにサービスの比重を増幅する。データ・ベースやネットワークシステムなどのデジタル財の進歩によって、だれでもアクセスでき、「形式知」に変換され、蓄積・共有されるようになった。そうなると個人に体化され蓄積された経験的知識・熟練・ノウハウ・思い・視点・感性といった「暗黙知」の多くが、デジタル信号に置換され「形式知」として取り扱われることが増え、マニュアル化され均一化されて習熟した知識・技などは価値の源泉ではなくなる。むろん専門的知識の大部分や「暗黙知」がなくなるわけではない。しかしながら専門性それ自体に少なからず影響を及ぼそう。

そこでは、代替可能で流動性の高いテクニシャン的職務群、専門的知識をもつが機能的に一定の領域に特化したスペシャリスト的な職種、それらを融合し高度の体系的・理論的知識を基底に意思決定に結びつけるプレーイング・マネジャーあるいはプロデューサー的役割など多様かつ重属的な職能的役割がみられる。ちなみにスペシャリストはゼネラリストとの対語であり、近似したエキスパートはアマチュアに対するそれとされる。

②次に、組織における専門職の地位・役割にからむ処遇や自律性の問題について触れておこう。一般に専門職はプロフェッションとしてその自律性、能力発揮の機会や業績の正当な評価を強く期待する。組織も彼らの専門能力とそれによる業績・成果を期待している。経営管理者に少なからぬ影響を与える存在でもあるが、半面において組織人として目標達成や能率を要求される。それが経営管理者の考え方や価値、権限と対立・葛藤を惹起し、ひいては彼ら自身の内的緊張を生み、自律性（autonomy）を損なわしめる結果を招く。

自律性の確保を実現するためには、経営管理者が自ら専門的知識を理解し、評価する能力を有しなければなるまい。加えて通常の昇進経路と併行して、より高い俸給・地位・自律性を保証するシステムの確立も要請されよう。それ以上に問題なのは、日本において専門職は、その専門的能力を発揮し、業績評価による高い報酬、そして自律性をもちうるような制度が十全でなく、組織で仕事能力を有効に活用されてこなかった点である。一般に企業の専門職制度、つまり専門職の格付けや給与は、年功的熟練に依拠してきた。同時に技術者の昇進経路は、一定の年齢に到達すると管理的業務を多く担うことと相まって、ゼネラリストとしての管理職への昇進しかみいだし得ないのである（安藤：1980）。

専門分化が著しく、専門職も多様化しているわけだが、実際の職場でくりひろげられているのは職務中心の有機的分業だけではない。専門職に代表される今日の知的職業は、彼らの製品や設備に関してではなく、だれがどのようにして働き、なぜ働き、それがいかなる意味をもっているかに、関心を抱くようになっている。そうであれば、組織や社会のなかで仕事の価値に動機づけられる専門職の主体的営みは、専門性を基底に、だれによって仕事が評価されるのがベストなのか、そして所属するとの葛藤をどう克服するかが問われることになる。

【引用・参考文献】

- ●青沼吉松『産業社会の展開』日本放送協会出版協会，1969.
- ●アベグレン，J.C.『日本的経営』占部都美訳，ダイヤモンド社，1974（原著，1958）.
- ●安藤喜久雄・石川晃弘編『日本的経営の転機』有斐閣選書，1980，pp. 127.
- ●安藤喜久雄「会社人間から職業人」へ」『労使の焦点』社会経済生産性本部，2006年5月号.
- ●尾高邦雄『日本的経営』中央公論社，1984.
- ●尾高邦雄『職業の倫理』中央公論社，1970.
- ●神代和欣「日本における労働者生活の質」『日本労働研究雑誌』労働政策研究・研修機構，1990年6月号.
- ●上林千恵子「専門的職業」森岡・塩原・本間編集代表『新社会学辞典』有斐閣，1999.
- ●小池和男『日本の熟練』有斐閣選書，1981.
- ●小泉幸之輔「規範的雇用の逸脱と非市場性」『日本大学社会学論叢』86号1978年3月，および小泉幸之輔・齊藤幹雄「第2章　雇用変動」『産業労働の現代的課題』時潮社，1992，pp.58 - 69.
- ●齊藤幹雄「労使関係の地平」『企業社会の構図』学文社，2000.
- ●齊藤幹雄「変貌する職業分布と専門職の多様化」『労使の焦点』社会経済生産本部，2006，8月号.
- ●高梨昌「不安定雇用労働者」『日本労働研究雑誌』労働政策研究・研修機構，1990年6月号.
- ●津田真澂『日本的経営の擁護』東洋経済新報社，1976.
- ●夏目漱石「道楽と職業」『私の個人主義ほか』中央公論新社，2001.

●間宏『日本的経営』日経新書，1971，p.8.
●間宏『経済大国を作り上げた思想—高度経済成長期の労働エートス』文眞堂，1996.
●ホワイト，W.H.『組織のなかの人間』岡部慶三・藤本保・辻村明・佐田一彦訳，東京創元社，1959（原著：1956）.
●村上泰亮『産業社会の病理』中央公論社，1975.
●八木正「職業」北川隆吉監修『現代社会学辞典』有信堂，1984.

第 7 章

消費文化と社会的不平等

杉座秀親

1

浪費は人類とともに古くからあるが、科学技術の発達と
その応用による大量生産と大量消費が可能となった
1920代のアメリカから始まる。
それが現代に続く消費社会の原型をなしている。
その社会がつくる大衆文化を学ぶ。

2

1980年代に入ると、消費社会は高度消費社会といわれるようになる。
この社会を読み解く鍵は、差異化とその解消にある。
この時期レジャーに対する関心の高まりとともに、
われわれのライフスタイルは変化した。
この社会がつくったポピュラー文化を学ぶ。

3

消費社会は豊かな社会なのだろうか。
消費資本主義社会のシステムは、
ますます貨幣に依存するようになる社会でもある。
経済的資本が文化資本を規定しているので、
ポピュラー文化は排除型社会への抵抗となってあらわれる。
しかし階層分化がすすむと再生産は固定化する傾向を示す。
その構造を学ぶ。

1　消費と消費文化

A．消費活動

消費する行為をバタイユ（Georges Bataille）は二つに分類した（バタイユ，J：1973）。一つは、生命を維持しながら生産活動にあたるための「最小限の品物の使用」、すなわち予算の制約のなかで満足をえる生産活動のための消費活動である。もう一つは、奢侈、葬儀、戦争、祭典など消費そのもののための活動である。そういう活動は予算の制約という生産活動からみれば「損失」である。たとえば、贅沢品として宝石を買うだけでなく、美しい宝石を買うために全財産を消尽することが損失である。あるいは労力に対して対価のない活動を続けることは、生産からみれば効用のない、損失である。また江戸っ子の気風のよさをあらわす「宵越しの金は持たぬ」という行動は、浪費をつづけるエネルギーを想像させる。いずれにしても、損失が大きければ大きいほど、消費活動は意味をもつのである。

バタイユも言及しているように、モース（Marcel Mauss）は北米北西沿岸のインディアンのあいだで行われている、必要をはるかに超える富や食物を贈与するポトラッチという儀式に着目した。部族間での贈与は、贈答の義務を負った社会関係であり、かつ二つの集団の首長の契約である。贈与するものは食物とは限らず、礼儀や祝宴、儀礼や踊りもその対象となる。贈与の行為は浪費の量と質を徹底的に消尽できるかどうかという行動によって、集団間の寛大さという豊かさを返礼の原則とするので、直接的な社会的共同性や社会的存在をしめすといえる。一方で、贈与は覇権を競い、身分を獲得するために集団や個人に対して優越性の獲得を目的とするという矛盾もみられる。現代の市場経済は損益のみを目的とする等価性の交換としてだけ位置づけられ、バタイユのいう過剰な消費行動の背後にある豊かさやゆとりの対極にある。

B．消費文化の原型

[1] 産業化・反都市化・自己の喪失

消費文化の原型は1920年代のアメリカの社会にある。19世紀末までに、アメリカの工業のあらゆる部門において機械的工場生産が進み、その産額は世界の1位になった。20世紀にはいり、産業は重工業へ移行し、自動車・製鉄・石油精製・機械などの部門では世界の産額で上位をしめるまでになった。テクノロジーの進歩によって物質文化の基盤となる大量生産と大量消費のシステムができあがり、都市化をうながした。しかし田園の自然を離れて人工的に開発された都市へ移り住んだ人たちにとって、都市は「アンリアル」(フォックス ＆ リアーズ：1985) な場所として感じられた。また「アンリアル」な感覚は、全国市場のネットワークに組みこまれ、経済的に豊かさを得ることと破滅することを自分ではとうていコントロールできないところで生じるという事実に直面した。官僚組織が全国市場に浸透することによって、仕事はますます単純労働化し、強いられた分業は相互の依存性を高めることになる。こうしたフォーディズム (Fordism) といわれる作業生産のもとでは、自ら計画を立て、それを実行に移し、その結果を自分のものにできる、という生活のスタイルに支えられた連続性と同一性を実感できる「ほんとうの自分」は断片化して失われた。反都市的な感情をささえているかつての自然を相手にした躍動する身体、コミュニティ生活で育まれた情緒、そして「強い自分」の感覚、それらを都市生活のなかで取り戻すことは不可能となった。かわって都市的生活が「リアル」になったのである。

[2] 都市的人間になる

断片化するアイデンティティの感覚と生きている実感に乏しい人びとの心に、セラピストと広告主たちが入り込んだ。セラピストと宗教家の役割は、都市の物質的で豊かな生活が精神的な豊かさでもあることを強調し、「アンリアル」な生活を反転させた。セラピーは、人々に過程と成長を期待するようになった。

1920年代に入ると、セラピーと広告は結びつき、消費者を幸福にするというメッセージを送って欲望を刺激し、さらには消費者の心理を「なにをいっているのかよくわからない言語と視覚サインのセット」(フォックス & リアーズ：1985)で操作し始めた。その目的は健康を取り戻すために広告のなかで失われた自然への回帰を示唆し、消費者を不安におとし入れることであった。不安からの救いは、消費をとおして人生の充実を図る、それを広告することにあった。そのために広告は、誇大性と感覚に訴える娯楽性のコミュニケーションに変わった。これにより、仕事から解放された余暇時間に気晴らしとしての大衆娯楽が強調されるようになった。気晴らしは節制から消費へ転換する必要性を説き、都市に生きる人々の消費行動を賛美した。充実した人生のあり方をファンタスティックに表現することが、広告の戦略であり、また役割となった。広告は消費者の欲望に方向を与えるために、消費者にメッセージを真実と受けとめさせ、広告のなかで語られている「言語と視覚サインのセット」は現実に根拠を与えた。それは言葉のもつ差異性にもとづき、メッセージの意図する方向に消費者の欲望を変容させる説得コミュニケーションによって現実をつくり出すことであった。こうして、消費社会の「神話」の原型ができあがった。

[3] 大衆文化 mass culture

大衆文化は、大規模な市場にむけてつくられた文化であり、マス・メディアを主とする産業技術によって大量生産され、消費者によって大量消費される文化のことである。市場で取引きされる文化は、商業文化であることをまぬかれず、消費を目的とするために娯楽を中心とした内容になる。大衆文化は、村落共同体にみられるような社会変動の弱い民俗社会に支えられた民謡や踊りといった民俗文化をマス・メディアおよびマス・コミュニケーションシステムで大量（mass）の都市居住者に送りとどけたという点では親縁的であり、限られた専門の送り手と受け手で構成されるオペラやクラシック音楽、純文学などの高級文化とは対照的である。大衆文化は、商業主義的であるがゆえ、娯楽性に内包される画一化および低俗化を批判され、高級文化と比較すると格下にみられるのである。

大量消費のために、大衆の欲望を刺激する広告の操作技術はさらに向上した。都市的生活の模範的なあり方を広告が教えたように、「擬似イベント」（pseudo-event）（ブーアスティン：1964）という手法は大量消費のための購買欲をあおった。擬似的なイベントとは、複製技術の革命によって現実よりもつくられたイメージが優先してしまい、イメージのなかで事実を解釈し、意味づけをするという、現実と空想の逆転した状態をつくりだす方法をいう。消費者は購入しようとするモノについて、そのすべてを知っているわけではなく、あいまいさを残したままでいる。物質的なモノについては、五感で具体的に理解できる。しかし「幸福」や「美しさ」、「家族の団らん」などは抽象的で、目に見えない。擬似イベントはそれをイメージで具体化する。たとえば、「化粧品は女性を美しくさせるモノ」であるというが、化粧品を使用してできあがる美しさとはいったいどのように表現できるのだろうか。そこで広告の製作者たちは、メディアをとおして女性のモデルを起用し、時代に即応した化粧法を提示する。したがって化粧のつくる「美しさ」は、時代によって異なる。また「美しさ」は内面的なものではなく、感情の次元で了解できるよう、表面的な「美しさ」を単純化された事実に結晶化させられるのである。消費者はモデルにできるだけ近づくことを学習して、自分の将来（の美しさ）を先取りする。このように感覚に訴える単純化されたイメージは、合わせ鏡に映った像にたとえられる。合わせ鏡は像を映しあいながらどんどん像を小さくしていく。このたとえのように、単純化したイメージは私たちの経験をせばめていく。擬似イベントはさまざまな技術を駆使して多様なイメージをつくりだし、消費者を混乱においこむのである。ブーアスティン（Daniel J.Boorstin）は、擬似イベントのもつ魅力と危険性をとおして、今日の多メディアの時代の神話に警鐘を発した。

アドルノ（Theodor Wiesengrund Adorno）とホルクハイマー（Max Horkheimer）はこのように文化的商品を生産する組織化された専門化集団を、文化産業といった（ホルクハイマー ＆ アドルノ：1990）。文化が産業であるためには、経済的合理性から外れてはならない。専門家集団は、貨幣のもつ機能の一つである価値尺度である数量的思考に拘束される。文化産業は大衆文化の特質であるデラシネ（根無し草）的で、固定的かつ画一的なイメージをさすステレオタイプを武器として、膨大な数の視聴者や読者に迎えられなければ、産業として成立しない。物事の本質を認識する能力と定義される理性は、手段として数量的思考をとることによって現実を肯定し、自己保存を目的とする道具的理性になる。そこには少数派を排除する暴力的な思考が潜んでいる。道具的理性で文化を語ることは、消費者のもとめに応じた生産や管理の方法をもって、かれらの充足のプロセスに向けられるので、両者の権力関係を言明することになるのである。数量的思考は合理的であるが、広告は消費者の感覚という非合理的な側面に訴えて欲望をつりだし、大量消費にみちびく。広告は同一性を作り出し、消費者をとりこもうとするが、意識を数量化することはできない。数量的思考のおよぶ範囲は限られているからである。したがって道具的理性のつくりだす神話的戦略は、メディア技術の発達にともなってさらに精緻化されて残るのである。

2　高度消費社会の登場

A．1980年代という時代

［1］高度消費社会

1980年代は、「生産」に関心をもちながら「消費」を視野にいれて社会を解読しなければならなくなった時代である。

それまで、商品の値打はその商品を生産するために費やした労働によって規定されるという労働価値説に拠っており、社会の構図はそれをもとにして考えられていた。社会的文化的意味、社会秩序や労働運動や闘争などの考え方のよりどころは、生産にある。初期の産業社会では、疎外や分業、資本家と労働者の二項対立的な階級などの用語で社会をとらえていた。しかし、科学技術の高度化と発達した市場経済を基盤として、消費社会が成立した。生産力を強化する大企業は資本の蓄積をすすめ、さらに設備投資をし、生産力を強化しながら利潤を追求した。他方で、それに対応する消費力を創出し、維持し、さらに拡大再生産に必要な要件を摂取しながら、消費する欲望を喚起しなければならない。「資本主義とは、違った価値体系が共存し、その違った価値体系を貨幣によって媒介し、そこから利潤を得るシステム」(岩井克人：1997）であり、そのなかで人は他者と違いたいという異化への欲望と他者から差をつけられたくないという差異の解消への欲望（岩井克人：1997）を同時に実現させるシステムであるからだ。このように資本主義システムに二重に拘束された消費者の欲望は、差異化の強調と解消という矛盾した状態で宙吊りにされ、社会全体にわたって企業の利潤追求に追いたてられる。1980年代の時代精神は、平等と差異化の混合した状態として理解される。

「一億総中流意識」がかげりをみせながら、高度経済成長期から続いてきた大量生産と大量消費によって、国内の物質的な豊かさを肯定する態度ができた。雇用慣行は所得の向上、生活水準の平準化と連携し、高度大衆消費社会が到来した。消費行動は、生命の維持や生産の継続に必要な物品を満たし、非生産的な消費である奢侈（必要や身分をこえたぜいたく)、すなわち流行を積極的に受け入れる収支均衡の経済原則に反した「損失の原理」という濫費ともいえる行動を招いた。バタイユの消尽は、モースのいうきめられた消尽の範囲のなかで行われ、共同体の間をつなぐメディアの役割をはたすものであった。しかし、大衆消費社会(mass consumption society)においては、システムと均衡のとれない異常なまでの過剰の蓄積が、消尽不可能なまでに到達しており、この過剰はシステムにとって有用性をもつ機能的な利用も、ポトラッチにおけるような象徴的な消尽にも適さない、純粋な無用性の次元にあって、ただ「吐き出すしかない」何ものかを生産し続けているのである(内田：1996)。

[2] バブル経済とその変容

1986年から日本経済はバブル経済期にはいった。政府が新自由主義の路線をとったことにより、まず金融緩和をうながし、企業や個人のもっている株価は上昇し、全国的に土地の価格が高騰した。これにより企業や個人は財テクという名のもとで投機に走り、保有する資産の額を増やそうとした。「株価の吊り上げ、インフレによる計画的な資産破壊、合併や吸収による財貨略奪、企業ぐるみの詐欺行為、債権と株の操作による資産略奪*」(ハーヴェイ：2007)が金融の中心となり、資金を返済できる貯蓄額が高ければ高いほど、利潤に反映される。バブル経済は、こうして終わりのない資本蓄積をめざして経済成長を維持しなければならない。しかし収益性からみた資産の価値は、ほんらいの実力をはるかにこえているため、資金を投入できなくなる水準に達すると価値は急落する。

株価は1990年から、地価は91年から下落し、バブルがはじけたのである。これによって1970年代後半から日本的経営にまもられて作りあげられた、「一億総中流意識」という階級帰属意識は崩れた。それでも豊かさを経験したことによって、人々は生活の質を求めるようになり、個人の自由ではなく、市場と貿易で使われる自由と自己責任を内包する個人化（individualization）の発想が広くいきわたった。

また、新自由主義の市場万能政策は、経営面で利益につながらない公共サービス（郵便、電信、交通など）、社会福祉事業（公営住宅、教育、年金など）、公共施設（大学、研究所など）を民営化した。このように社会生活の商品化を強調する考え方をポストフォーディズム（post Fordism）といい、それは生産の時代から消費への移行として認識される。

第三は、情報技術の飛躍的発展である。1980年代から本格的にはじまった「第二次情報革命」といわれる情報化は、企業のみならずコンピュータ技術と電気通信技術の高速度化と融合によって時間と空間を圧縮し、社会全体のネットワーク化をめざす。その進展によって、人々の日常生活はますますネットワークに依存するようになったのである。

1980年代には情報化の波が産業界を襲い、第二次産業の合理化を急激にすすめたために、産業の空洞化をまねき、余剰労働力をうみだした。高齢労働者の定年を65歳まで延長すること、加えて雇用機会均等法の施行（1986年）もあって女性は積極的に社会進出をし、主としてサービス経済部門に雇用を広げた。サブカルチャーの担い手として、この豊かさのなかで育った個性的で感性的な行動をするソフト経済時代の若者は「新人類」といわれ、企業への忠誠心やアイデンティティに欠けると先行する世代から批判されながらも、経済的にも精神的にも拘束をきらった。なかには非正規社員として、あるいは定職をもたずにアルバイト生活にこだわる生き方を選択する若年失業者がうまれた。高齢労働者、女性労働者、若年労働者を第三次産業に吸収し、いかに低い失業率を維持できるかが課題となった。

若年失業者の社会問題は、1985年から3年間にかけて臨時教育審議会が策定した教育政策に反映されている。第一は「個性重視」であり、第二は「生涯学習体系への移行」、そして第三は「国際化・情報化など変化への対応」を柱としている。このうち第三が第一とあいまって突出し、個性を重視するといいながら、コンピュータ技術のもつ能率や生産性といった手段的側面だけが強調されている。

バブル経済の特徴の第四はスーパーマーケットの出店規制によって、都市生活者の時間帯に適合するようにして、コンビニエンス・ストアとショッピング・モールが普及しはじめたことである。食料品の販売からはじまったコンビニエンス・ストアは、衣料品や書籍、薬品などを販売することで、雇用形態の変化に対応しており、店舗の規模からしてスーパーマーケットほど駐車場のスペースを必要としない利便さもあって、都市生活者のリズムに適合している。またショッピング・モールは、多様な商品を展示することで消費者の現実を喪失させ、ハイパーリアリティの状態に置いた。圧倒的なコピーはオリジナリティをもたなくなった現代的心性を構成する。

＊株や企業価値の暴落で年金資産を奪い、その価値を減らしてしまうこと。

B. 消費行動とレジャーへの関心

[1] 余暇時間とライフスタイル

消費行動には、余暇時間が必要であり、余暇時間はライフスタイルを変える。1960年代の大量生産と大量消費にはじまるマス・レジャー（mass leisure）は、1964年の海外旅行の自由化、東海道新幹線の開通、乗用車の普及、翌年の名神高速道路の開通によって、旅行や行楽の時代を迎えた。同年には東京オリンピックが開催され、70年代へのスポーツの大衆化へ導火線の役割を果たした。オイルショックにもかかわらず、この10年のレジャーの特徴は、健康ブームを反映したスポーツと、企業自身のイメージアップを図ったカルチャーセンター、文化教室などへの参入にみられるカルチャーの時代として位置づけられる。

1980年代にはいると、バブル経済がレジャー産業の拡大にも波及した。そのきっかけは、1983年にオープンした東京ディズニーランド（以下TDLと略）にある。観光リゾートとして定着しその人気を維持しているTDLは、レジャーの希望参加率でつねに第一位を占めている海外旅行を擬似的に体験させることに成功し、前売り券の販売で顧客を確保し、行楽には欠かせない食事（弁当類）の園内への持ち込み禁止という矛盾をサービスでおぎなうというマーケティングを始め、顧客獲得への戦略は、賛否をまじえて論じられた。またイベントのつくり方は、全国的に展開された観光リゾートの経営に影響を与えた。見知らぬ人々が居住する新興の地域社会がイベントで交流を深めたり、経済的に停滞している地域社会が活性化をねらったりして、「○○祭」や「○○フェスティバル」というイベントで「まちおこし」をする社会現象はその一例だろう。ファミコンやゲームソフト、パチンコが全盛となったのも、この年である。さらに同じ年には、「余暇・レジャー生活」への志向が、「住生活」や「食生活」、「耐久消費財」、「衣生活」と逆転した。それは勤勉さ、経済的ゆとり、社会的関心、出世志向などよりも、「自分の趣味にあった暮らし方をする」、「のんきにくよくよしないで暮らす」価値を選択したことにあらわれた(『レジャー白書'94』: 1994)。

間々田孝夫は消費社会のライフスタイルをあらわすために、生産志向的人間と消費志向的人間にというモデルに分類した（間々田： 2000)。両者を対応させると、前者は①生産への関心、②禁欲主義的、③仕事重視、④勤勉な性格、⑤効率の追求、⑥理性の尊重、⑦未来志向、という性格をもつのに対して、後者は①消費への関心、②快楽主義、③余暇重視、④必ずしも勤勉でない、⑤充足度の追及、⑥感性の尊重、⑦現在志向、と対照的である。こうして、人々のライフスタイルは、1980年代をとおして、余暇志向と個人主義的志向をつよめるようになった。

ところで、1980年代後半以降長時間労働を主因として生じる過労死が社会問題となっている。ちなみに1980年代の正規社員の一人当たりの年間総実労働時間の推移は、2,180時間(80年)、2,110時間（84年)、2,102時間（86年)、2,111時間（88年）である（『レジャー白書'95』： 1995)。長時間労働を短縮するため、1987年に労働基準法が大幅に改正された。新たに制定された労働基準法には、週40時間労働制、変形労働時間制、裁量労働制、フレックスタイム制などが盛られた。また1998年に、経済企画庁（当時）は国際公約を受けて「1,800労働社会時間の創造」(所定内労働時間1,654時間、所定外労働時間147時間、休日20日を含む等）を提案した。さらに政府は、時限立法として、1992年に「労働時間の短縮の促進に関する臨時措置法」(「時短促進法」）を制定し、長時間労働に歯止めをかけた。同年の年間総実労働時間は1,972時間となった。このように余暇時間は表面的に増大する傾向にあった。しかし、1990年代以降、雇用形態が柔軟になり、全労働者に占めるパート労働者の割合も増え続けている*。これによって総実労働時間は1,834時間に、所定内労働時間は1,682時間に激減した。余暇は増えているにもかかわらず、余暇支出は減少しているという内実は、正規社員の採用を控えている企業の雇用環境の実態を物語っている。

＊2005年および2006年とも、21.4％を占めている。

[2]「食べること」という消費文化

『レジャー白書』のなかで、参加した余暇行動の第一位は「外食（日常的なものはのぞく）」である（1993年版以降）。外食は日常の食事では味わえない料理を食す体験といえる。1980年代後半の外食産業によってつくられた「グルメ・ブーム」をとおして、われわれのライフスタイルはどのように変化したのであろうか、ふだん気にとめてみることもない食事をとりあげて、それをみていこう。

①今日、日常生活の食卓にのぼる料理は、格式にのっとった伝統的な日本料理ではない。しかし真正的で伝統的料理はあるのだろうか。むしろ「豚カツ」のように、外来の仔牛や羊の肉を使った伝統的調理法が、日本ではかわりに豚肉にされ、付け合せの温野菜のかわりに千切りキャベツを、というようにほんらいの素材や調理法が換骨奪胎されて国籍不明の折衷的な料理として定着し、食されている。ファミリーレストランやファストフード店は、外来の伝統的な料理に手を加え「日本人の味覚にあうように」折衷主義的に新たに食文化を形成する。

②われわれは異国の料理を食するとき、料理の作り出されてきた文化や経済の物語にはそれほど関心を寄せない。食事

の一連の順序—スープ、魚、肉、デザート—という観念が17世紀の終わりまで存在しなかったことを、また18世紀にかけてグルマンとグルメというフランス語がヨーロッパの都市部で使用されるようになった（トゥアン： 1983）ことを知らなくても、食事はできる。

③食の国際化の影響によってつくられる新奇で多様な食文化を追求し、食すことはそれ自体快楽であり、文化価値をもつようになる。たとえば新しい食べ物へ挑戦するときの興奮や経験の変化は、禁じられていた物や未知の物を食べるという解放感や冒険心を満たすので、肯定される。

④しかし、貨幣と交換される食べ物は、必要な栄養素の摂取を超え、どの場所で何を食べるかによって異なった文化集団に所属していることを認識させる。ファストフード店で買ってすぐに食べることと、高級レストランで時間をかけて食事を楽しむことでは、味覚はそれほど比較の対象にはならない。むしろそれぞれの場所で食べる食品のイメージこそが重要なのである。貨幣と交換する食べ物は、交換という画一的な行動ではあるが、食べる人のあいだに、洗練さや差別化をもたらす。

⑤したがって、食べ物に対する好き嫌いは、生理的に食べ物そのものにむけられるだけではなく、経済資本および文化資本の所有の程度によっても構成される。好き嫌いは、個人的な嗜好の基準を示すだけでなく、ヴェブレン（Thorstein Bunde Veblen）のいう社会的地位を見せびらかす消費（誇示的消費）をともなうのである。所属する階層が好き嫌いを構成し、それを再生産する。

⑥誇示的消費は個人的な好き嫌いを超えて、食事にどれだけ浪費できるか、すなわち食事に要した費用が、差異化を生

むのである。

この単純な例から、食べることについてのリアリティないしはリアリティの欠如がみられる。食べ物は、モノとして伝統的で真正であるというリアリティによってではなく、言語（メディア）によって混淆的ないし相対的な現実として構成される。食べ物はモノそのものとしてのリアリティを失ってしまっているので、「格付けされた料理店の料理だから美味しい」というリアリティとイメージや記号の逆転がおきる。われわれが消費するのは食べ物というモノそのものではなく、イメージや記号となる。だから「中身や実態を犠牲にして、うわべやスタイル、またその見栄やおもしろさ、冗談を優先させる」（ストリナチ：2003）ことができるのである。ファミリーレストランで食べ物を注文するとき、私たちはでき上がった料理のならんだメニューというメディアから、イメージと記号を選択しているといえる。イメージや記号はいくらでも変形ないし解釈を可能にするので、歴史感覚の欠如を許容し、現在を肯定する傾向を強める。貨幣が都市的生活にもたらした便宜性という行動様式から、それをうらづけることができる。また貨幣の所有量は階層分化を暗示する。

［3］ポピュラー文化 popular culture

ポピュラー文化という用語は、しばしば大衆文化と同じ意味で使われる。大衆文化は大量生産と大量消費を商業主義的な側面をもつマス・メディアによってつくりだされる画一性や低俗性、受け手の受動的傾向ゆえに、否定的な評価をされる。これに対して1970年以降に用いられるようになったポピュラー文化は、海外の消費社会論やポスト・モダンという社会状況のもとで変容した大衆のメディアの受容についてのべるために使用されるようになった。もともとポピュラー文化でいうメディアは、映画、テレビ、レコードなどマス・メディアをさしている。

この用語は大衆文化よりも早く用いられていた。両世界大戦間のメディア統制のもと、放送人のあいだで、エリートに支持されていた高級文化を相対化し、大衆の好みに合うようなプログラムを開発するために論議された内容に由来する。その後、ポピュラー・カルチャーは、ポスト・モダニズムのなかで、通俗的な形式をもつポピュラー・カルチャーからその意味を切り離し、通俗さ、それ自体のなかで、文化を研究する道を開くようになった。

ポピュラー文化の記号やイメージは、人々の現実の感覚やアイデンティティのあり方を規定してしまう。メディアの背後にある現実は、背後にあるだけではなくイメージによってゆがめられる。イメージや記号は、実態とかけ離れているから、コンピュータ・グラフィックのようなイメージを増幅する技術の発達によって、擬似体験が現実を構成するようになる。たとえば世界的に高名な研究者の厳粛な肖像画は、メディアのなかではどのような人物にも変えられる。大衆文化論者はエリート文化主義者でもあるから、研究者の業績や人柄が、こうした商業化の波にさらされ冒とくされることに対して否定的に批判する。しかしポピュラー文化では冗談として楽しまれる。ここに権力関係において一方が他方を無力にすること、抑圧することは不可能である、という言説を読みとることができる。かつては、高級文化と大衆文化との境界はあきらかであったので、それぞれの立場から文化の価値を主張しあえたが、ポピュラー文化と高級文化の境界はきわめてあいまいになっている。表面的には固定した権力関係は崩れているのである。

さらにポピュラー文化は、資本、貨幣、情報のグローバル化にさらされ、これまでにないスピードと移動のなかにある。とりわけポピュラー文化において貨幣の価値尺度は正当化され、異質なものを等価交換によって商品化し、交換関係を凝縮した記号（数量的思考）となる。数量は、異質なものを等価にすることで、境界をとりはらう。先の「食べること」の構成にみられたように、貨幣の購買力のうらづけがあれば、異質な文化を表象する真正的で伝統的な食べ物は、異質な食文化の混合ないしは折衷という調理法に席をゆずる。ポピュラー文化は、「真正な伝統」という「大きな物語」のもつ妥当性や正当性に照らして組み立てられる文化ではない。とりわけ「絶対性」を拒否する文化である。絶対性を拒否した後で自分のアイデンティティを組み立てる状況のもとでは、大きな物語の解体で断片化した破片を組み合わせた抽象的な構成法が残るだけである。ポピュラー文化のなかの私たちは、つねに流動する社会におうじて物語の断片を取捨選択しながらの「自分らしさ」という「小さな物語」をつくりつづけなければならない。この小さな物語は人の数だけ存在するのである。

3 消費文化の問題

A．消費と社会秩序の再編

ここまで、1920年代、1960年代、そして1980年代の消費行動についてみてきた。この過程は消費行動の範囲や規模が拡大する過程であった。とりわけ80年代以降、その範囲と規模はこれまでに見られないほど拡大した。対価を得るための労働laborには、プロテスタンティズムの職業倫理に代表される倫理がある。しかし消費文化の原型をつくったのは宗教家をもまきこんだ広告やセラピー、デザインなどのメディアであったにもかかわらず余暇や消費のもたらす「楽しみ」の倫理はあいまいである。消費社会のもたらしたポピュラー文化は、専門的・技術的職業に従事する人たちの需用を高めた。美術家・写真・デザイナー、建築・土木・測量技術者、情報処理技術者、教員、経営専門従事者、法務従事者、医師、福祉専門従事者、宗教家といった人たちは、消費社会の文化的ヘゲモニーを手中にして、社会をリードすることになる。これらの職業従事者は、個人的な経験や集合的記憶、生活史や慣習、言語、身体技法にいたるまで日常生活の微細を正当化することを目的とした支配階級になる。被支配階級は、文化的ヘゲモニーに自発的に意味を与えて同意する。ここには資本家階級対労働者階級、あるいは知識人と民衆という明確な対立軸や区別のないことが重要である。権力関係の言説からすれば、対立軸は社会階層における職業の格付けによる社会的地位のランキング、つまり社会的不平等に伏在している。不平等の客観的基準（ISC index of status characteristics）は、職業、学歴、所得、資産、家柄、生活様式に分類される。社会的不平等の原因の一つは、客観的基準となる資源の不平等な分配にある。ここでも、階級対立のような大きな物語は衰退し、個々人の社会的資源の配分の差異としてあらわれる。ポピュラー文化の登場以来、小さい物語はISCで比較した結果として、感じられる差異として語られる。

B．消費文化と排除する社会

社会階層に対する関心は1960年代から蓄積されているが、1980年代の関心は社会的不平等を生みだす消費文化と関連している。1960年代までは「アメリカの夢」(American dream)がもてはやされた。アメリカの夢は、勤勉で能力にめぐまれていれば、誰もが社会の成功者となりうると考えるのである。アメリカのために尽くそうと集団へ忠誠を尽くすすべての人に機会は開かれている、という一種のイデオロギーである。つまり、出発点は同じであって、成功へのプロセスを重視するのである。その結果、勝者はあらゆるものを手に入れることができるが、敗者は成功者になるまで努力しなければならない。シカゴ学派のバージェス (Ernest Watson Burgess) が都市の拡大を生態学の立場から新陳代謝としてとらえた、「同心円地帯理論は経済的排除と社会的排除とぴたり一致している (中略) しかもこのような垂直方向の隔離は、いっそう露骨な水平方向の隔離によって強化されている」との指摘がある (ヤング： 2007)。「垂直方向」とは社会移動でいう上昇・下降移動であり、「水平方向」とは水平移動のことである。

所属している社会階層のなかで、何世代にもわたって暮らしていると、他の階層とは区別される独特の行動が形成される。ブルデュー (Pierre Bourdieu) はこれをハビトゥスといった。ハビトゥスは社会化で身につく、味覚やものを見たり聞いたり感じたりする心、美的な判断などである。これは、読書、絵画の鑑賞、道具の使い方という資本となり、さらには学歴や資格という資本につながる。これらを文化資本といい、その蓄積には経済的資本のうらづけが必要となる。文化資本は、進学や資格の取得といった文化的能力の形成に影響し、文化資本の格差の再生産につながりやすい。

ヨーロッパでは、競争においては各人の能力に応じた報酬が得られることを原則としている。失敗は社会システムの責任とされ、最低限度の生活の保障のあるシステムをめざしている。こうした社会は、「包摂型社会」といわれ、アメリカのような失敗を自己責任に帰す傾向にある「排除型社会」とは一線を画している。消費社会は経済的資本を基底にしながら、差異化をうながす流動する社会であるが、差異化を固定させるという矛盾をふくんだ社会でもある。

【引用・参考文献】

●井上俊他編『仕事と遊びの社会学』岩波講座現代社会学20, 岩波書店, 1995.

●岩井克人・上野千鶴子「〈欲望〉と〈消費〉のゆくえ」河合隼雄・上野千鶴子共同編集『欲望と消費』現代日本文化論8, 岩波書店, 1997.

●内田隆三「消費社会の問題構成」吉見俊哉他編『デザイン・モード・ファッション』現代社会学21, 岩波書店, 1996.

●児島和人編『社会情報』講座社会学8, 東京大学出版会, 1999.

●ゴドリエ, M.『贈与の謎』山内昶訳, 法政大学出版局, 2000（原著, 1996）.

●ストリナチ, D.『ポピュラー文化論を学ぶ人のために』渡辺潤・伊藤明己訳, 世界思想社, 2003（原著：1995）.

●トゥアン, Yi-Fu『個人空間の誕生－食卓・家屋・劇場世界』阿部一訳, せりか書房, 1993（原著：1982）.

●ハーヴェイ, D.『ネオリベラリズムとは何か』本橋哲也訳, 青土社, 2007（原著：2005）.

●バタイユ, J.『呪われた部分』生田耕作訳, 二見書房, 1973（原著：訳者は1949, 1967, 1971の各版を参考にしている）.

●原純輔・盛山和夫『社会階層ー豊かさの中の不平等』東京大学出版会, 1999.

●フォックス, R.W.&リアーズ, T.J.J.編『消費の文化』小池和子訳, 勁草書房, 1985（原著：1983）.

●ブルデュー, P.&パスロン, J.C.『再生産』宮島喬訳, 藤原書店, 1991

(原著：1970).
●ホルクハイマー，M.&アドルノ，T.W.『啓蒙の弁証法』徳永恂訳，岩波書店，1990（原著：1947).
●ボードリヤール，J.『消費社会の神話と構造』今村仁司・塚原史訳，紀伊国屋書店，1979（原著：1970).
●間々田孝夫『消費社会論』有斐閣，2000.
●松原隆一郎『消費資本主義のゆくえ―コンビニから見た日本経済』ちくま新書，2000.
●宮島喬編『文化』講座社会学7，東京大学出版会，2000.
●ヤング，J.『排除型社会』青木秀男・伊藤泰郎・岸雅彦・村澤真保呂訳，洛北出版，2007（原著：1999).
●吉見俊哉『カルチュラル・スタディーズ』岩波書店，2000.
●ラプトン，D.『食べることの社会学―食・身体・自己』無藤隆・佐藤恵理子訳，新曜社，1999（原著：1996).
●リオタール，J.-F.『こどもたちに語るポストモダン』管啓次郎訳，ちくま学芸文庫版，1998（原著：1986).
●『レジャー白書』については編集発行が変わっているので、本章で引用したものを一括して掲載しておく。
余暇開発センター『レジャー白書 '94』1994および『レジャー白書 '95』1995.
社会経済生産性本部『レジャー白書2006』2006および『レジャー白書2007』2007.

第　8　章

生活支援と社会福祉を考える

石川秀志

1

第二次世界大戦により廃墟と化したわが国が、
社会福祉を中心として、社会生活の
基盤整備を進める過程を理解する。

2

21世紀を生き抜く人々を支援する社会福祉の枠組みが、
「社会福祉基礎構造改革」によって、
どう形成されたかを学ぶ。

3

生活支援と福祉のあり方を整理し、
そのうえで社会学と社会福祉の
あるべき連携について考える。

1　社会福祉のあるべき姿を求めて

A．戦後の社会復興と社会福祉

日本において、福祉とか社会福祉という用語が使用されるようになったのは第二次世界大戦後のことである。

日本国憲法第13条に「すべて国民は、個人として尊重される。生命、自由及び幸福追求に対する国民の権利については、公共の福祉に反しない限り、立法その他の国政の上で、最大の尊重を必要とする。」とある。

この条文でいう「幸福の追求」というのは、ひとりひとりが満足できる幸せの追求ということであり、生命・自由と同じように、個人に属する固有の権利とされるものである。

さらに、ここでいう福祉とは、単に「幸せ」とか「より良い生活」の追及ということではない。このことは、わが国の憲法第25条「すべて国民は、健康で文化的な最低限度の生活を営む権利を有する。」2「国は、すべての生活部面について、社会福祉、社会保障及び公衆衛生の向上及び増進に努めなければならない。」に示されているところであるが、健やかで文化的に生きていくための最低の条件が満たされているということを意味している。

B．社会福祉のさまざまな意味

わが国の社会復興・再建は、憲法の定めに基づいて行われることになった。この憲法には、それまでの日本語には見られなかった社会福祉（social welfare）という言葉が使用された。

社会福祉という言葉の概念は、非常に多義的であり、先に示した憲法25条の第２項にもあるように、社会福祉は、社会保障、公衆衛生と同列に位置づけられており、まだ実体のない理念・目標として規定されたのであった。その後、次第に国民の間にもその言葉は浸透し、さまざまな意味で使用されるようになった。

社会福祉をどのように捉えるかという点についてはいろいろな見方があるが、その見方の一つは福祉とか社会福祉を、達成すべき目標を意味する概念（目的概念）とするか、それともこの目的を達成するための方策、制度という概念（実体概念）とするかということがある。

『社会福祉実践基本用語辞典』（1996年）をみると、「社会福祉とは各個人及び個人の集合体である社会の幸福を達成することを意図する施策一般を指すと同時に、それらの施策が達成しようとする目標を示す概念」とあり、個人および社会の幸福（福祉）とは何かということが問題となるが、この幸福を達成するための施策一般を社会福祉とすると、それは極めて広義な概念ということになる。そしてそのなかには公的扶助を含む狭義の社会福祉だけでなく、年金、医療、雇用、介護などの各種社会保険、住宅・環境、雇用・マンパワー対策その他種々の社会的施策、制度が含まれることになる。

このように社会福祉を広く捉えるのは、英米では一般的のようである。

こうした広義の社会福祉に対してわが国では限定的に社会福祉を捉える見解が一般的である。

前述したように、社会福祉という言葉が最初に法律に登場するのは、憲法25条の第２項「国は、すべての生活部面について、社会福祉、社会保障及び公衆衛生の向上及び増進に努めなければならない」であり、社会福祉は社会保障および公衆衛生と並列的に取り扱われている。その意味で社会的な諸政策を含む広義の社会福祉ではなく、より限定的なものとして社会福祉を捉えていることがわかる。

ところで憲法で規定する社会福祉、社会保障、公衆衛生は直接に具体的な制度を意味するものではないが、この憲法第25条で規定されている生存権保障のための総合的な制度は社会保障制度とされ、制度としての社会福祉は社会保障（所得保障）、公衆衛生とともに、社会保障制度を構成する一部門として取り扱われることになっている。たとえば、1950年の社会保障制度審議会の「社会保障制度に関する勧告」は、社会保障制度を構成する部門として、社会保険、国家扶助、社会福祉、公衆衛生をあげている。

わが国では社会保障（制度）が、社会福祉制度、社会保険制度、保健医療制度などを包含する包括的制度として取り扱われていることに留意する必要がある。

C．戦後における社会福祉制度の展開

[1] 敗戦から50年代まで

戦後になると、戦時中の統制は解除されるが、憲法第25条の趣旨により、国民の最低生活保障と関連して、社会福祉の向上、増進についての国の責務が強調されるようになる。そしてすでに述べてきたように、社会福祉は社会保障制度に組み込まれ、国の制度として展開するようになっていく。しかし、敗戦直後の経済や財政の破綻状況のもとで、大量の飢餓的な生活困窮者に対する保護や救済のための施設を建設することは困難な状況であった。他方、戦前から続いてきた民間社会事業の多くは、戦災やインフレ等によってその経営が困

難な状況になっていた関係もあり、これらの民間社会事業のうち公的救済の受け皿としての社会福祉法人に衣替えしたところも少なくなかった。

戦後の社会福祉制度は、旧生活保護法（46年制定：50年に現行法に改正）、児童福祉法（1947年制定）、身体障害者福祉法（1949年制定）のいわゆる福祉三法などがつくられ、そのうえで51年に社会福祉事業法が制定された。この法律は形式的には社会事業法を改正したものだが、新しい憲法の精神により、かつ戦後の社会福祉をめぐる状況と実体を踏まえて改正されている。そしてこの法律は、社会福祉事業の種類や組織，機関に加えて、事業経営の原則等を定めたもので、社会福祉事業の組織法であり、事業の実施、運営の基本を規定した事業法の性格をもつものである。この法律第２条では、社会福祉事業を、より公共性が強く、かつ利用者の生活やプライバシーにかかわる程度の高い事業を第１種社会福祉事業、それ以外の事業を第２種社会福祉事業と分類している。第１種社会福祉事業の経営については、国、地方公共団体または社会福祉法人があたることを原則としている。そして、国（地方公共団体を含む）の責任で実施する事業（措置）は行政自身が実施するほか、社会福祉法人に委託することができるものとし、そのための費用について国が負担する途を切り開いており、これを措置制度といっている。それに関連して厚生大臣は社会福祉事業に係る社会福祉施設等についての最低規準を定め、施設設置者に対してその基準の遵守を義務づけている。

このようにして戦後の社会福祉は国の指導・監督のもとで推進されることになっていくのである。

[2] 社会福祉の拡大と矛盾（1960年以降の動向）

1960年前後ぐらいからわが国の経済は戦後復興から自立経済を経て、高度成長期に入り、労働力需要は増大し、国民所得の拡大もみられるようになってきた。その反面で急激な経済構造の変化や都市化の進展などの社会変動が起こり、国民生活や意識に変化が現れてくる。この中で社会福祉の課題は、従来の貧困の解決を求める社会的ニードに加えて、経済の高度成長に伴って生活の向上の波に取り残された低所得階層の貧困への転落を予防する対策や急激な経済・社会の変動による「歪み」の是正等を内容とするニードが注目されるようになる。

とくに1961年の皆年金、皆保険体制の確立とあいまって、社会福祉制度の側でも、精神薄弱者福祉法（1960年）、老人福祉法（1963年）、母子福祉法（64年制定、後に母子及び寡婦福祉法に改正）等が登場し、社会福祉はいわゆる福祉三法の時代から福祉六法の時代に移行していく。

このように1960年代前半において福祉三法から福祉六法へと社会福祉の拡充がみられ、その役割も救貧的機能から防貧的機能を持つように積極的になっていく。そしてその対象も「国家扶助を受けている者および援護、育成または更生の措置を要する者」の延長線上に知的障害者、老人、母子世帯などを含む低所得世帯が新たに加わっていくが、社会福祉の拡大の要件であるすべての国民を対象とする社会福祉への転換の方向が明らかにされているのは、1970年代以降のことである。

[3] 安定経済成長期から80年代にかけての社会福祉

高度経済成長後期、いいかえれば1960年代後半から第一次オイルショクが起こった1973年頃までであるが、この時期になると、高度成長期前半の低所得階層に対する対策の一貫として、特別児童扶養手当法（重度精神薄弱児扶養手当法の改正：1966年）、身体障害者相談員、家庭奉仕員等の創設（1967年）、国保7割給付（1968年）、心身障害者対策基本法制定（1970年）、児童手当法制定（1971年）、70歳以上の老人の医療費無料化開始（1973年）など、挙げればきりがないほど社会福祉に関係する諸施策が人々の多様化する社会的ニーズに対応するために実施された。

こうして社会福祉は、自立した社会生活を営み得ない生活困窮者をはじめとする要援護者の自立促進を図るアプローチに加えて、人々の日常生活を営むなかで生じる多様な生活面でのニード（必要）の充足を図る福祉サービスを含むことによって、社会福祉はその対象を要援護者（集団・階層）に限定するのではなく、一般国民にまで広げていくことになる。そして80年代の社会福祉は「貧富にかかわりなく、福祉ニードを有するすべての国民を対象として、その必要に応じたサービスを提供する」必要が主張されるようになっていくのである。

［4］経済事情の悪化に伴う福祉予算の抑制―70年代後半から80年代

72～73年頃から、日本経済の高度成長路線が行き詰まり、低成長、安定成長への転換が行われ、国の財政逼迫が急速に現れてくる。この中で「福祉見直し」が叫ばれ、福祉の重点化、効率化が求められ、社会福祉についてもその量的拡大については一定の抑制が行われていく。しかし、対人社会サービスの推進の方向はその中でも引き続いて進められ、とくに在宅福祉サービスの一層の推進がみられるようになったことは注目される。そして、それとの関連でたとえば在宅の寝たきり老人のための家庭奉仕員（後のホームヘルパー）派遣事業の要件であった所得制限の撤廃にみられるように、社会福祉サービスの普遍化・一般化の方向が政策的にも現れている。

[5] 社会福祉改革の動き

折からの第2次臨調行政改革の推進という政治的トレンドと結びついて、社会福祉制度の見直し、改革が現れてくる。この制度改革を促進したもう一つの要因は高齢化の急速な進展により、人生80年時代の到来に備えた新しい社会福祉のあり方の追求である。前者の具体的な動きは、1985年の補助金削減問題とそれに続く社会福祉関係三審議会合同企画分科会での社会福祉事業の中長期的視点に立った見直し作業にみることができる。この見直しの過程で、1987年に社会福祉従事者の資格制度として「社会福祉士及び介護福祉士法」が制定され、また同年に「今後のシルバーサービスのあり方について」という意見具申で、社会福祉の公私の役割分担の再検討と、従来の行政主体の福祉サービスから民間主体の福祉サービスの提供の方向を明らかにしている。

また、後者の動きでは、1985年に政府は長寿社会対策大綱を定めるとともに、消費税導入問題との関連で打ち出された高齢化社会への対応を福祉ビジョンで明らかにし、高齢者福祉を充実するために、社会福祉計画の柱の一つである「高齢者保健福祉推進10ヵ年戦略（ゴールドプラン）」（1989年）を策定した。そこには高齢者の生活を支える、施設数、人員等の整備目標を具体的に示した。さらには、「新高齢者保健福祉推進10ヵ年戦略」（新ゴールドプラン）に次いで、1999年に政府は「今後5ヵ年の高齢者保健福祉施策の方向」（ゴールドプラン21）を策定した。

これら2つの動きを受けて、1990年に福祉関係八法改正が行われている。改正した内容は、①高齢者福祉及び身体障害者福祉に関する事務を市町村に統合したこと、②在宅生活支援事業を関係福祉法に法定事業として定め、社会福祉事業として位置づけた、③老人福祉計画及び老人保健計画の策定を都道府県及び市町村に義務付けたこと、④社会福祉・医療事業団による社会福祉事業助成策を強化したこと、⑤共同募金の配分規制を緩和したこと、⑥社会福祉協議会の機能を強化したこと、などがある。このなかでも、高齢者福祉事業及び身体障害者福祉事業の市町村による運営と老人福祉計画と老人保健計画をあわせた老人保健福祉計画の策定に関しては、わが国の社会福祉の政策上特筆すべきことであるが、他方、地域社会の財源問題や人的資源など地域の負担が重くなり、新たに地域格差の問題を抱えることになった。その「福祉関係八法の改正」の完全実施は1993年であった。

これまでみてきたように、戦後50年を経るまでに、国は社会福祉についてのさまざまな法の制定や改正、そして社会福祉計画を策定し、実施してきたが、改めて、21世紀の新しい社会福祉の枠組みを構築し、これまでの社会福祉のあり方を大きく転換させるために1990年に社会福祉基礎構造改革を行うことにした。

2　21世紀の新しい社会福祉構築のための社会福祉構造改革

この改革には、わが国の社会福祉が戦後、特定の困窮者の保護・救済を目的として出発し、その後の経済成長に合わせて50年間拡充してきた福祉の基礎構造では、これからの全国民を対象とし、その生活と安全を支える役割を期待されている福祉に対応できない、という背景が存在した。

成熟社会では、自己責任が基本であり、自立した個人の生活を前提とした社会的連帯の考え方に立った支援システムの整備とその確立が求められる。今日の高度で、複雑な社会生活における社会福祉は、「さまざまな問題が派生するが、自己努力だけでは解決できない状況におかれた場合でも、個人が尊厳を持って家族や地域のなかでその人らしい独立した生活が送れるように支援すること」を目的とする（『社会福祉の動向2001』：2001）。

改革の背景と理念は以上であり、改革の３本柱は、

①個人の自立を基本に、その選択を尊重した制度の確立

②質の高い福祉サービスの拡充

③地域での生活を総合的に支援するための地域福祉の拡充

である。次に示す改革の趣旨と内容で、改革等の対象となる法律は、社会福祉事業法（社会福祉法に改正）を始めとする八法である。

A．利用者の立場に立った社会福祉制度の構築

[1] 福祉サービスの利用制度化

〔概要〕

- 行政が利用者のサービス内容を直接決定する「措置」制度から、利用者がサービス内容を選択する「利用」制度へと変更する。
- 福祉サービスを受けようとする場合は、市町村等に申請。市町村は申請者がどれだけのサービスを受けることができるか決定し、その内容を「居宅受給者証」、あるいは「施設受給者証」に明記し、交付する（支援費支給方式）。
- 利用者は決定に基づいた範囲で、サービス事業者と契約を結びサービス提供を受ける。
- サービス事業者は実施したサービスの利用料のうち利用者負担分は利用者から、残りを市町村に請求し受領する。

[2] 利用者保護制度の創設と苦情解決処理について

〔概要〕

- 福祉サービス利用を支援するため、民法の成年後見制度を補完する仕組みとして（福祉サービス利用援助事業）を制度化（実施は都道府県社協議が主）。
- 福祉サービスの苦情処理として社会福祉事業経営者の苦情解決の責務を明確化、第三者が加わった施設内における苦情解決の仕組みの整備。
- 上記方法での解決が困難な事例に備え、都道府県社会福祉協議会に、苦情解決のための委員会を設置する。

B．サービスの質の向上

[1] 専門職の養成とサービス事業者の質の向上

〔概要〕

- 社会福祉士など専門職の養成課程見直し
- 事業者の自己評価による質の向上、あるいはサービスの質を評価する第三者機関の育成
- サービス事業者（社会福祉法人含む）に対する情報公開や国、地方公共団体による情報提供体制の整備

C．社会福祉事業の充実・活性化

[1] 9事業拡大について

〔概要〕

- 福祉サービス利用援助、身体・知的障害者相談支援事業、身体障害者生活訓練事業、手話通訳事業、知的障害者デイサービス事業等9事業を追加

[2] 法人設立要件の緩和

〔概要〕

- 障害者の通所授産施設の規模要件を20人以上→10人以上へ引き下げるとともに、資産要件も下げ、小規模授産施設運営の社会福祉法人として新たに認可する。

[3] 運営の弾力化

〔概要〕

- 施設ごとの会計区分を弾力化し、法人単位の経営になる。
- 利用制度化した事業については、利用料徴収を施設整備費の償還に充てることを認めるなど、これまでより会計は柔軟な対応ができる。

● 会計の透明度は、行政監査の重点化・効率化を図るなど、より厳格なものが求められる。

[4] 多様な事業主体の参入

〔概要〕

● 施設支援についてはこれまで通り、社会福祉法人が主体となるが、居宅支援については法人格を有していれば都道府県の指定を受ければ（市町村による特例居宅支援もある）サービス提供事業者となれる。

D. 地域福祉の推進

[1] 市町村地域福祉計画・都道府県地域福祉支援計画の作成

[2] 知的障害者福祉等に関する事務の市町村への委譲

[3] 社会福祉協議会の権限拡大

〔概要〕

● 市町村社会福祉協議会を地域福祉の推進役として明確に位置づけるとともに、都道府県社会福祉協議会の役割として社会福祉事業従事者の養成研修、社会福祉事業の経営指導を行うことを明確にすること。

E. 社会福祉基礎構造改革の達成に向けて

社会福祉基礎構造改革は、まさに戦後50年の社会福祉の基礎部分（社会福祉事業、社会福祉法人、措置制度等）の抜本的な改革をねらいとしたものである。今後、増大・多様化する国民の福祉ニーズに対応していくためには見直しが必要になり、改革が進められている。

3 社会学と社会福祉

A．現代日本社会の現状（少子・高齢化）

「こどもの日」にちなんで総務省が発表した2006年４月１日現在の子どもの数（15歳未満の推計人口）が、昨年より18万人少ない1747万人となり、25年連続で減少した。性別では、男性が女性を45万人上回った。男性が896万人、女性が851万人。また、総人口に占める子どもの割合は13.7％で過去最低なり、32年連続して低下している。さらに諸外国と比較すると、調査時期の違いはあるものの、米国20.7％、韓国19.1％、フランス18.6％などとなっており、日本の低さが目立った（2006年５月15日　福祉新聞）。

あわせて、総務省は2005年10月に実施した国勢調査の確定数を発表した。05年10月１日現在の総人口は１億2776万7994人で、04年10月の推計人口に比べ約２万人減少した。10月１日現在の人口が前年を下回ったのは戦後初めてのこと。年齢別では、15歳未満（年少人口）は1752万1234人（総人口の14％）、15歳以上65歳未満（生産年齢人口）は8409万2414人（66％）、65歳以上（老年人口）は2567万2005人（20％）。00年と比較して老年人口は17％増加した。

世帯数は4956万6305世帯で５％増加。１世帯あたり人員は2.55人だった。核家族世帯は2839万3707世帯で４％の増加。このうち「夫婦のみ世帯」は963万6533世帯で増加し、「夫婦と子どもからなる世帯」は1464万5655世帯で減少した。65歳以上の親族がいる一般世帯は1720万4473世帯で14％の増加。このうち核家族世帯は841万4948世帯で24％の増加。高齢者単独世帯も386万4778世帯で28％の増加だった。また、一人暮らし高齢者は男性が105万1207人、女性が281万3571人だった（2006年12月11日　福祉新聞）。

B．社会福祉の発達類型

社会福祉は人間支援の体系である。なかまのことわりを意味する「倫理」、時代に特徴的に現れる「思想」、政治経済などの影響を受けながら構築された「制度」、制度を具体的に人間化する「実践」の体系として機能してきたといえる。社会福祉の発達類型は、社会福祉の原型ともいうべき自助・互助の営みから、慈善事業、自恵事業、博愛事業、救貧事業、社会事業、社会福祉（事業）へと変化してきた。わが国の社会福祉は、直接的には、戦後の日本国憲法第25条に明示されたものであり、これまでの救貧的・事後的救済から、ニーズ対応支援、予防的支援の方策へとシフトしたものである。

C．社会福祉とソーシャルワーク

社会福祉とソーシャルワークは、大きな社会変動にさらされている。この変動は、先進諸国ばかりか発展途上国においても見受けられ、普遍的な状況になっている。大国の思惑に翻弄される政治的緊張、南北問題に象徴される経済的緊張、家庭の荒廃や多様な価値観に象徴される文化的緊張、個人間あるいは集団間に見られる不和・対立としての社会的緊張、不安や欲求不満に見られる心理的緊張などにより引き起こされている。

社会福祉とソーシャルワークは、社会的不和、軋轢、葛藤、緊張に対し、癒しの機能を働かせて対応する。広義の癒しの機能は社会政策の実現によって可能となるが、個々別々の縦割り的な社会政策によって行われるものではなく、統合社会政策として、とりわけ、統合社会福祉政策として構想されなければならない。

統合社会福祉政策は、前述した社会問題の諸相に対して多くのアプローチは試みてはいるものの、未だ十分に機能を果たし得ないでいる。社会問題はますます拡大化するとともに、深刻化し、顕在的緊張は噴出の様相を呈し、潜在的緊張はもはや覆い隠すことはできない。

D．今日のソーシャルワーク

今日のソーシャルワークは、どのような実践現場や領域においても適応可能なジェネラリスト・ソーシャルワークとして展開される。

ジェネラリスト実践は、クライエントの自己決定と、この実践の状態によって情報を得る実践者の批判的志向によって導かれる専門職的価値、倫理、知識、技能から成る基礎を必要とする。ジェネラリスト実践の個々の知識の基盤は、システム論の枠組みのなかにあり、社会環境、社会福祉政策とサービス、社会調査、人間の多様性に関する情報などの人間行動の内容領域から引き出される。ジェネラリスト実践者に求められる技能には、個人、家庭、グループ、組織、コミュニティに対しても働きかけるときに必要な技能が含まれ、組織構造のなかで実践される広範な専門的役割も含まれる。

今日のソーシャルワークは、エコシステム接近方法を取り入れたライフモデルの枠組みによって得られる。それは、「人間：環境：時間：空間の交互作用」をキーワードに、福祉サービス利用者とソーシャルワーカーの協働参加の過程によって、滋養的環境を創っていこうとする。

人間：環境：時間：空間は一体として把握されるべきものであり、しかもそれらは相互に可変的である。一体のシステムとして把握されるべきものでありながら、人間と環境をミクロ、メゾ、マクロのシステムレベルでとらえることも可能である。ミクロ、メゾ、マクロのシステムとは、ソーシャルワーカーが介入するシステムサイズをいい、ミクロシステムは個人・家族、メゾシステムは組織・地域、マクロシステムは制度・構造・社会全体のことである。

今日のソーシャルワークの実践モデルは、医学モデルからライフモデルへの転換として位置づけられる。人間の不健全性に関心を持ってきた医学モデルに対して、ライフモデルにおいては、人々の成長と発達を最大限にして環境を改善すれば、相互に良好な適合状態が確保されるという観点に立ち、個別化された人間の持つ不健全性のみならず、健全性にも関心を持つ。不健全性には適切な評価を行い、健全性にはそれを促進するように支援する。

E．社会福祉に対する社会学の貢献

社会学は、社会現象を解明する科学である。社会現象の解明には多様な方法があるが、社会調査は明確化をはかる方法の一つである。社会福祉現象を解明する方法の１つに社会福祉調査（ソーシャルワークリサーチ）がある。

社会調査法は、一般的に課題の特定化→サンプリング→尺度の構成と質問紙の準備→現地調査→集計・分析→図表などによる結果の提示、という流れをとる。以下に社会福祉調査の特徴をまとめておく。第一の特徴は、福祉サービスの認知・利用・評価という利用者に関する問題や福祉サービスの改善・コストといったサービスの供給に関する問題を扱うこ

とである。第二の特徴は、サービスの条件や仕組みについての制度的な理解を必要とすることである。第三の特徴は、寝たきり高齢者や痴呆性高齢者の介護者、あるいは地域で生活する重度障害者のニーズといったように対象が限定されることが多いため、サンプリングに際して少数サンプルの抽出方法を必要とすることが多い。また個人を対象としてインテンシブな調査を実施する機会も多いことから事例研究法も重要なものとなる。また分析技術に関しては、ニード調査や評価調査のウエイトが大きく、ニードの推計を行うことが重要視されることである。

福祉システムのあり方は、公的介護保険の導入や地方分権の影響を受けることになるが、サービスを必要とする人々のためのニード調査や意向調査そして各種の実態調査を行ったり、データを分析する重要性が高まっている。しかもデータや資料を理解し、それらを用いて説明資料を作成したり、発表する機会はますます増加していく。そのようなときに、的確な問題提起ができるかどうかは、福祉を専門に学ぶものの力量が最も問われる場面である。

【引用・参考文献】

- 大橋謙策・宮城孝編『社会福祉構造改革と地域福祉の実践』東洋堂企画出版社，1998.
- 久門道利・齊藤幹雄・杉座秀親・山本一彦・石川雅典編『スタートライン社会学』弘文堂，2005.
- 小林修一編『社会学』社会福祉選書15，建帛社，2003.
- 社会福祉の動向編集委員会編『社会福祉の動向2001』中央法規出版，2001.
- 白澤政和・東條光雅・中谷陽明編『高齢者福祉とソーシャルワーク』社会福祉基礎シリーズ8老人福祉論，有斐閣，2002.
- 日本社会福祉実践理論学会編『社会福祉実践基本用語辞典（改訂版）』川島書店，1996.
- 福祉士養成講座編集委員会編『社会学』社会福祉士養成講座11新版第2版，中央法規出版，2003.
- 三浦文夫編『社会福祉エッセンス―基本と最新動向がすばやく学べる』自由国民社，2005.
- 三浦文夫編『福祉サービスの基礎知識―人間一代のライフサイクルからみた実用福祉事典』改訂新版，自由国民社，2004.
- ミネルヴァ書房編集部編『社会福祉小六法』平成16年版，ミネルヴァ書房，2004.

第 9 章

社会システムの構造と変動

小原昌穹

1

西欧近代化の過程から誕生した社会学は、
「望ましい」社会の実現という方向性を持っていた。
19世紀の社会学の「封建から近代へ」という
発展段階説を見ていくことによって把握する。

2

1960年代になって、繁栄したアメリカ社会を背景に
西欧近代化の過程は、普遍性を持つとされる。
そこで、普遍性をもつ社会の構造分析に焦点があてられる。

3

社会を一つのシステムと考え、
社会変動を社会システムの変動と捉える
社会システム論の変遷を概括する。

1　19世紀の社会変動論

社会学は、西欧社会のそれまでの経験をはるかに超えた一連の激しい社会変動のなかから誕生した。宗教改革、市民革命、産業革命という激しい社会変動期である。封建社会の鎖から開放され、市民社会の建設へと時代が新しい社会に向かって大きく変化したとき、その科学的原理が求められたことが社会学を成立させた。

A. コントの「三段階の法則」

市民革命後のフランスは、「自由」と「平等」を実現する社会であるはずであったのに秩序の混乱した状態であった。『実証哲学講義』において、コント（Auguste Comte）はこの混乱を科学的な社会法則をうちたてることによって解決しようとした。それが社会学である。コントは、社会学を社会静学と社会動学から成るとする。社会の秩序がいかに構成されているのかを経験的観察データにもとづいて分析するのが社会静学であり、社会がいかに変わっていくのかを分析するのが社会動学であった。

その社会動学の中心をなすのが「三段階の法則」である。コントは、社会の発展が人間の精神の進歩によって支配されているとする。人間の精神は、「神学的段階」→「形而上学的段階」→「実証的段階」の順で進化する。それに応じて社会は、「軍事的時期」→「法律的時期」→「産業的時期」と進化していくと考えられている。

コントにとって、社会は生きた全体であり、個人の権利の主張よりは全体に対する義務が強調され、「全体との調和」にもとづく「人類社会」が構想されている。

このように、「秩序」と「進歩」は、その成立期から社会学の中心的テーマである。前者は「社会構造論」、後者は「社会変動論」として今日まで受け継がれている。

B．スペンサーの「軍事型社会から産業型社会へ」

コントと同じく、スペンサー（Herbert Spencer）も社会学を社会静学と社会動学に区分し、その社会動学において、「軍事型社会から産業型社会へ」という移行の過程を論じている。スペンサーの社会学の最大の特徴は、進化論である。万物の進化には、適者生存という自然法則がある。これが根本原理である。この進化の法則が、宇宙から生命体としての生物有機体（ダーウィンの生物進化論）、そして社会有機体に適応され、社会進化論として提唱された。社会の生存競争の中で、成功をおさめた人々がその社会にもっとも適応した人たちであり、そのような個人の自由な競争を実現しうる状態の社会が、もっとも進化した社会である。

「軍事型社会」とは、その社会を維持するために、集権的な構造をもち、強力な統制のもとに個人の自由が抑圧されている状態の社会である。軍隊にみられるように、個人が完全に全体の目的遂行のために服従している社会は、秩序の維持が統制という強制力によっている状態である。これに対して「産業型社会」とは、功利主義の原理が最大限に生かされている社会、個々人がみずからの利益のために行っていることが、そのまま全体社会にとって有益になる社会であり、商取引にみられるように、対等な個人間の自由な関係をもとに、強制ではなく自発的な協力によって行われている状態の社会である。

スペンサーは、社会の状態が「軍事型社会」から「産業型社会」へと移行することを社会進化の筋道であるとし、さらにそのようになることが歴史の必然と考えた。そして、産業型社会が進めば、秩序の保たれた自由な社会、人類にとって完全な理想郷が到来すると主張している。

スペンサーは、みずからが生まれ育まれた19世紀後半のイギリスの資本主義社会を「産業型社会」の出現とみなし、理想郷を実現しうる基盤が整いつつある社会であるとみている。

したがって、彼の社会観は、きわめて楽観的なものである。

C．テンニースの「ゲマインシャフトからゲゼルシャフトへ」

テンニース（Ferdinand Tönnies）は、「ゲマインシャフトからゲゼルシャフトへ」と前近代社会から近代社会への移行を特徴づけた。彼の主著『ゲマインシャフトとゲゼルシャフト』は、人間の結合関係のありかたに着目して社会の考察をおこなったものであるが、同時に社会の歴史的発展の方向も見据えている。

テンニースは、ゲマインシャフトとゲゼルシャフトという二つの社会形態の原理を「意志」という指標を用いて説明する。ゲマインシャフト（Gemeinschaft）は、本質意志にもとづく結合である。それは、人間に生まれながらに備わっているものであり、本能的なものである。これが強く働いている関係は、伝統や慣習が重んじられ、全人格的な暖かく血の通った信頼に満ちた人間関係をもととする共同社会である（その典型は家族にみられる）。一方、ゲゼルシャフト（Gesellschaft）は、選択意志にもとづく結合である。それは、思惟によるものである。利益社会とも訳されるゲゼルシャフトは、合理的な選択にもとづき、自己利益が優先され、打算的になりやすい。損得によってはかられる人間関係は、外面的、一時的なものである。だから、その結合は常に緊張状態におかれる。その典型を株式会社にみている。

資本主義の成立と発展は、ゲゼルシャフト的集団がますます優位になるだろうとみている。社会の発展の方向として、ゲマインシャフトからゲゼルシャフトへと移行するとしながら、彼はそれを必ずしも望ましい方向であるとはみていない。スペンサーが手放しの明るいイメージで捉えた近代社会を懐疑的、消極的にみている。それは、彼の生きた当時のドイツがイギリスに比べて自由で平等な個人主義の理念と発展が未成熟であったことによる。失われゆくゲマインシャフト的要素に郷愁をいだき、それらの要素を残すこれからの社会の理念としてゲマインシャフトとゲゼルシャフトを止揚するゲノッセンシャフト（Genossenschaft）という概念を提起している。

D．デュルケムの「機械的連帯から有機的連帯へ」

デュルケム（Émile Durkheim）は、テンニース以上にスペンサーの個人主義的な社会観に反対する。個人の自由を確保すれば、社会の秩序も同時に保たれるという考え方は、個人を原子化し、その欲望のままに行動する弱肉強食の状態をもたらす。個人が何の規制も受けず自由であるような社会はむしろ異常である。規制を伴わない自由というのはないのであって、社会が秩序を保っているのは、個人がなんらかの規制を受け入れているからである。社会的連帯は、個人が義務や拘束などを受け入れなければ維持できない。それがなければ、社会は無規制の状態、すなわちアノミー状態になってしまう。したがって、規制というのは自由を否定するのではなくて、個人の自由が最大限に確保されるためには規制が受け入れられなければならない。だだ、当時のフランス社会は、アノミー状態に陥っているので、全体としての社会の連帯を作り出さなければならない。そこで、デュルケムは「分業」の機能に着目する。分業は、経済的利益追求のためだけではなく、その真の機能は連帯を作り出すことにある。『社会分業論』の目的は、分業の発展による社会的連帯の変化と、分業の発展の原因を明らかにすることであった。

デュルケムは、前近代から近代への推移を「機械的連帯にもとづく環節的社会」から「有機的連帯にもとづく有機的社会」へと説明する。機械的連帯とは、人々の類似にもとづいた結合であり、その社会の成員の意識が何らかの集合意識の類型に合致することによって秩序が保たれている未開社会の環節的な社会構造に見合うものである。有機的連帯とは、人々の差異にもとづく連帯であり、分業の進展によって個人意識が発達し相互に補完的な機能を分かち持つ産業社会の機能分化した社会構造に見合うものである。

このようにデュルケムは環節的社会から産業社会への移行を分業の進展によって説明する。その分業の原因として、社会の容積（人口）と密度（社会のメンバーの接触頻度や強さ）の増大をあげる。社会の人口が増大し、メンバーの接触が増大すると生存競争が激化する。そこでそれまで共有されてきた機能を分化することによって競争を緩和する。これによって社会は秩序を取り戻し、より機能分化した社会構造をもつに至る。デュルケムによる近代社会とは、分業がますます発展していく産業社会として捉えられている。

しかし、それは一方で人間の欲望を肥大化させ、アノミー状態を招いた。デュルケムは、スペンサーとは違って産業社会の未来に危惧を抱き、アノミー状態の回復を模索する。それは、近代化によって失われた職業集団の復活、再組織化を促すものであった。これは、テンニースが進展するゲゼルシャフトのもとで、ゲマインシャフト的要素をもったゲノッセンシャフトを提唱したことと同じ、中世への回帰である。

E．マルクスの「唯物史観の公式」

マルクス（Karl Marx）は、生産活動の歴史的なあり方に変動要因を探っている。この生産活動を規定するものとして、生産力と生産関係の相互連関が考察される。すなわち、生産力は人間が自然に働きかける力であり、生産関係は、生産手段の所有関係にもとづく生産力を構成する人と人の相互関係である。生産力は、一定の生産関係のなかで現れてくるものであり、また、生産関係のあり方は生産力の発達段階に照応している。生産関係が生産力の発達を促進している間は、社会は安定的であるが、さらに発展すると既存の社会関係はむしろ生産力の発展を阻害するようになる。このような矛盾が顕著になると、より高い生産力に照応した新しい生産関係に移行する。このように、生産力と生産関係の相互に依存しつつも対立するという動的均衡の状態から社会の変動が説明される。

マルクスが「土台」と呼ぶ生産力と生産関係の対応関係である「生産様式」のうえに、法律、政治などの諸制度や、社会心理、イデオロギーのどの社会意識を含む「上部構造」が形成される。下部構造（土台）と上部構造との間には、前者が後者を決定するという関係が成り立つという。この下部構造と上部構造の統一的な全体が「経済的社会構成体」（＝社会）である。この「経済的社会構成体」は、原始共同体→奴隷制→封建制→資本主義という生産様式を経て発展してきた。

資本主義的生産様式において、機械制生産のもとで生産力は飛躍的に発展した。利潤追求の原理が貫徹する一方で、生産手段の所有・非所有による搾取と政治的支配関係がみられ、その生産関係における矛盾は深刻になっている。貧富の差は拡大し、不平等が顕著である。搾取による生産力の発展が続くと、生産関係との矛盾が頂点に達する。そこで、プロレタリアートは、資本主義体制を打破し社会主義の建設に向かわなければならない。最終的には、階級対立のない平等な社会としての共産主義体制が「望ましい社会」の姿とされた。

19世紀のヨーロッパを背景として誕生した社会学にみられる変動の捉え方を概括してきた。いずれも市民革命、産業革命を契機とする封建社会から近代社会の移り変わりを見据えている。自らの生きている社会、時代がいかなるものであるか、以前の社会とどのように違うのか、なぜそのように変わったのか（変わるのか）を明らかにしようとしている。

コント、スペンサーは、産業社会の未来に楽観的である。現実の社会に望ましくない現象があっても、それは社会の発展とともにおのずから解消するとして、問題視されていない。

テンニース、デュルケムは、産業社会の未来に危惧を抱き、社会の抱える病理的現象に目を向け、問題解決のための処方箋を描いた。マルクスは、社会の抱える問題解決の方法として対処療法ではなく体制変革による望ましい社会の建設の方向を示した。

それぞれ生きた社会の時代の風潮や歴史観を反映させながら社会の変動を見据えている。19世紀の社会学における変動論は、その原因を精神にもとめたり、人口にもとめたり、経済にもとめたりという優越要因説による一元論的思考に立ち、さらに一定の方向をもつ直線的、段階的発展として全体社会の動向を法則づける点に特徴がある。

2 第二次大戦後の社会変動論

19世紀の社会学にみられる変動論は、西欧近代社会の成立の歴史的経過を分析する中から定式化された。その後、産業の高度化（資本主義の発展）に伴う生産力の増大は、所有と経営の分離、組織の大規模化、ホワイトカラー層の増大、所得の増大などをもたらし、「豊かな社会」と呼ばれる新たな段階への移行、すなわち近代社会から現代社会へ、高度近代社会と称された。

この移行は、大衆社会論、産業社会論、脱工業社会論、消費社会論、情報社会論、福祉社会論など現代社会論の潮流に見て取れるように、さまざまに論じられている。それらは、「資本主義－社会主義」パラダイムの越えて、いずれの体制においても共通する社会変動の諸相の分析である。その時々の世相を特徴づけているが、トータルな社会変動の理論とは言い難い。

ここでは、伝統的社会が高度大衆消費時代にいたるプロセスをあとづけたロストウの発展段階説と、社会システム論を展開し、社会の歴史を普遍的な枠組みによって捉えようとしたパーソンズの理論を取り上げる。

A．ロストウの「経済発展段階説」

現代の社会変動を考えるとき、19世紀にみられた直線的な発展説は、あまり有効ではない。その後の社会の新しい動向をふまえて、新たなものが提唱されてきた。歴史的な発展段階論として、ここではロストウ（Walt W. Rostow）の『経済成長の諸段階』を紹介しよう。ロストウは、経済学者であるゆえ、直接的には近代経済理論と歴史を結びつけることによって経済史のなかに新しい解釈をもたらした。それは、この本の副題が「一つの非共産党宣言」であることから、マルクスの理論を意識していることが窺われる。

ロストウの提示した経済発展段階は、①伝統的社会→②離陸のための先行条件期→③離陸→④成熟への前進→⑤高度大衆消費社会、という五段階の発展経路である。

①伝統的社会は、農業を中心とした社会で、その成長のテンポはきわめてゆっくりしている。そこでは、土地所有者が支配的階級であり、年間の投資は国民所得の５％以下の社会である。②離陸のための先行条件期とは、離陸に向かう過渡期であり、農業中心であった社会に工業がおこってきている。鉄道、道路が整備され始め、政府の役割が重要になってくる。この時期に土地所有によらない新しいエリート層が形成されはじめる。③離陸（take-off）とは、産業革命期である。過渡的社会で蓄積された条件のもとに、社会的富が土地所有者の手から離れて工業へ投資され、工業化が急速に進

む。投資が国民所得の10％を超え、農業と工業の比率が逆転して製造業が基幹産業となる。④の成熟への前進は、離陸に続いて、全体の産業が整ってくる時期である。基幹産業の発展を支える他の産業がしだいに整備され、産業社会として軌道に乗り始める時期である。⑤の高度大衆消費社会の段階では、自動車や家庭電化製品などの耐久消費財が大衆のものとなる時期である。そして、社会保障の充実、労働条件の改善などの実現を通じての福祉国家の建設が目指される。

経済的にみた場合の社会が全体としてどのように発展するのかの見解であるが、ロストウは、自分の理論がマルクスのそれと比較して、マルクスのものが一元的・硬直的であるのに対して、自分の理論は多元的で弾力性に富んでいるとしている。ロストウの段階説は、発展段階を国民所得に占める投資の比率という量的に把握できる具体的な指標によって構成されている。しかし、その成長をどの産業がリードするのかは、それぞれの国によって条件が違っているので同じではない。従って、発展のコースは異なってくる、という多元的な考え方をしている。普遍的な経済発展の側面を中心において歴史的な段階を区分することはマルクスと共通する方法であるが、決定論的には捉えず、発展の筋道は多元論を採用している。このように、ロストウにおいては、資本主義、社会主義という経済体制の違いは問題にされず、産業化の度合が重視されている。のちの産業社会論に結びついていく考え方である。

B．パーソンズの社会進化論

第二次大戦後、社会進化論的思考が社会学に再び登場する。理論生物学におけるシステム論の展開や文化人類学における進化主義の復活、そして大恐慌後の安定的な経済成長を背景としてのことである。

パーソンズ（Talcott Parsons）は、社会の発展過程を、「未開社会」「中間社会」「近代社会」の三つの段階に区分している。それぞれの段階は、「規範的構造のコード」とよばれる文化を中心とするものによって区分される。未開社会と中間社会の区分は、言語によってなされる。未開社会は、話し言葉だけでまだ文字をもたない社会であり、中間社会は文字を持っている社会として区分される。中間社会と近代社会の区分は、法体系に着目してなされる。それは、伝統に基づいた慣習的なものから、形式合理性を備えた法体系へと発達することによって区分される。

社会は、絶えずその構造と機能を拡大し分化させて、その環境への適応能力を増大させていく。それと同時に、異質なものを包摂していく。そのなかから共通の価値パターンが定着し一般化してくる。このようなことを、パーソンズは社会進化の趨勢と呼ぶ。システムがどのような種類のものであれ、その環境とそこから生み出される状況に対して耐えざる再調整を繰り返しながら、生き残り、発展し、拡大する。「適者生存」は、パーソンズにあって「一般化された適応への能力」（general adaptive capacity）と呼ばれ、これが進化の基本的原則である。

このように、パーソンズは、進化の趨勢的なものを指摘するだけでなく、「進化的普遍要素」という文化を中心とする質的な構造的革新要素とをあわせて社会進化を説明した。パーソンズの進化論は、①生物学的タームによる説明を社会的・文化的タームに変換（変異→発明・発見、遺伝→学習、伝播）し、②社会進化を自然的過程、すなわち適者生存という自由放任の過程とは見なさず、③文化人類学における伝播主義と機能主義の成果を組み込み、④19世紀の社会進化論を特徴づけていた単線的進化から複線的・多元的進化へと変わっている（富永： 1986, p.282）。

C．パーソンズの近代化論

パーソンズが考える近代化とはいかなるものか。パーソンズは、テンニースの「ゲマインシャフトとゲゼルシャフト」をとりあげ、この両概念にはそれぞれ互いに独立な複数のものが含まれているとして、下記の「パターン変数」（pattern variables）に分解する。

感情性――――――感情中立性
集合体指向―――――自己指向
個別主義――――――普遍主義
帰属性―――――――業績主義
（機能的）無限定性―（機能的）限定性

五組の変数の左側がゲマインシャフト、右側がゲゼルシャフトの中身である。したがって、ゲマインシャフトからゲゼルシャフトへの移行とは、物事を感情ではなく合理的に判断すること、集団主義ではなく個人主義が優位になること、法による支配のように普遍主義的要素が優位になること、属性的なものより業績が重視されるようになること、そして社会構造が機能的に分化していくこと（デュルケム的にいえば分業が発達すること）になる。これが、パーソンズの近代化にほかならない。前近代から近代への移行を段階的にではなく累積的なプロセスとして捉えている。

パーソンズは、近代化の進展にとって重要なものとして、産業革命、民主革命、教育革命をあげる。この三つの過程の進展のなかから、近代社会として成熟していくプロセスが近代化である。

パーソンズは、これを近代社会の歴史にあてはめ、世界史的に見て近代社会の担い手の交代を三局面に分けている。最初は「ヨーロッパの北西コーナー」（イギリス、フランス、オランダ）によって担われ、イギリスの産業革命、フランスの市民革命に代表される。続いて、「ヨーロッパの北東コーナー」（ドイツ、オーストリア）の急速な産業化によって担われた局面である。しかし、ここでは民主化に歪みがあったためにナチズムの出現をもたらし、第二次大戦の源となった。第三の局面は、第二次大戦後、ヨーロッパに代わって民主化と産業革命に成功したアメリカをあげている。こうして、アメリカが最も近代化の進んだ社会として位置付けられている。

近代化論は、戦後の冷戦体制のもとで資本主義社会が経済成長を持続させたことを背景に「豊かな社会」を実現させてきたこと、また、アジア、アフリカ諸国が植民地から独立した際の発展の道筋として、先進国の歩みがモデルとされた。西欧社会の近代化のプロセスが普遍的なものとされ、後発国も同じようなコースを辿るものと考えられた。ロストウに端的に見られたように、近代化論は経済成長をもとに社会の発展のプロセスを肯定的に捉える社会変動モデルである。

近代化論が西欧先進社会の近代化だけでなく、後発国の近代化のプロセスの分析にも目が向けられるようになるにつれて、従属理論に代表される発展途上国からの近代化論も登場してきた（フランク：1976）。これまでの管見から明らかなように、近代化論は、先進国の社会変動を現実に適応することによって展開されてきた。西欧社会の近代化が掲げた目標・価値はその輝きを失ったのだろうか。

D. パーソンズの社会システム論

社会システム論とは、システム思考にもとづいて社会的現実に迫ろうとする理論である。システム思考の特徴は、第一に、システムを要素の集合としてとらえていること、第二に、要素間の相互連関を問題にしていること、第三に、システムの内と外を区別する境界に注目していること、である（友枝： 1998）。そうすると、社会システム論の課題は、社会システムの構成要素を特定化すること、構成要素間の関係を定式化すること、社会システムの境界を確定すること、である。

システム論を社会学に導入したのがパーソンズであるので、その社会システム論をベースにしよう。

①社会とは、複数の人間の行為によって成り立っている。その行為が他者に向けられるときが社会的行為とよばれる。その社会的行為のやり取りが相互行為である。この相互行為が反復され持続することが期待されるときに形成されるのが社会関係であり、その社会関係が制度として固定化されるようになるとそれが個人に内面化される。この社会関係の制度化が社会構造の形成を導く。それが社会システムである。行為→社会的行為→相互行為→社会関係→社会システムと考えるパーソンズは、社会システムを「複数の個人行為者が少なくとも物的ないし環境的側面を含む状況において、お互いに相互行為していることにほかならないが、その場合に、複数の行為者は『欲求充足の最適化』への傾向によって動機づけられており、お互いを含む各自の状況に対する関係は、文化的に構造化され、そして分有されたシンボル体系によって規定され、媒介されている」（パーソンズ： 1974）と定義する。ここから、社会システムの構成要素として相互行為をとりあげていること、そしてそれを媒介し

コントロールする文化的要素に着目していること、を指摘できる。パーソンズにおいて、社会システムは、相互作用しあう複数の人間の行動様式を単位要素としていると考えられている。「役割期待の相互補完性」（二人の人間の相互行為において、自己が他者の役割期待を前提にしてそれを行い、また他者に対して役割期待をもち、他者もこれにそうことを求められること）を前提にしている。社会システムが存続するためには、その成員が規範にしたがって行動し、またそれぞれが役割を分担していなければならない。

パーソンズは、「社会システム内での過程はすべて、四つの機能的命令ないしは『問題』にしたがうものであり、これは、システムの均衡ないしはシステムの持続がたもたれるためには必ずみたされねばならないものである」（パーソンズ ＆ スメルサー：1958）と述べている。こうして行為システムで一般化されたAGIL図式が社会システムにも適応される。

社会システムは、その存続・発展のために四つの機能的要件を必要とするが、そのために社会システム内にこれらの要件を充足させる構造が分化してくる。この分化した構造は、全体の社会システムに対して、機能的に分化したサブシステムとよばれ、AGILの四機能と対応づけられる。

Adaptation（適応）……………………………………経済
Goal attainment（目標達成）…………………………政治
Integration（統合）…………………………法・規範体系
Latent maintenance and tension management
（潜在的型の維持と緊張の処理）……………教育・文化

AGIL図式は、全体社会システムであれ、サブシステムであれ、システムとして捉えられるすべてのものに適応できる。したがって、どのようなレベルであれ、システムとして捉えられるかぎり四機能図式は、当該システムの機能要件（そのシステムが存続し続けるために要請されるもの）の設定にとって、有用なものである。

パーソンズは、社会システムの鍵概念として機能要件を設定したが、おもに四つの機能それぞれを担う各サブシステム間の相互関連の分析に焦点をあわせていた。サブシステムのどれかに変化が生じると、他のサブシステムもそれに見合うように変化が生じ、全体として新たなバランスのとれた状態になる。たとえば、A部門の経済の成長は技術の進歩によってひきおこされるが、その経済成長にみあうようにG・I・L部門も成長しなければ均衡を欠く。したがって、経済成長と他の部門との成長とのバランスをいかにとるかが重要となってくる。それゆえに、生産様式の相違は問題とされず、経済体制の如何にかかわらず同じように社会のシステムは変動する。

生命体に備わっている生命維持メカニズムが社会システムにも当てはめられるとされ、システムの各部分の機能が全体システムの維持に貢献すると考えられた。そこでは、システム内部の機能要件に焦点が絞られ、システムをとりまく環境への視座はない。19世紀を代表する社会有機体論のアイデアにもとづくものであり「閉鎖システム」とよばれる。

②システム論にサイバネティックス（生物に固有のものとされていた目的論的コントロールが機械システムにおいても可能であるとするもの）が登場すると、社会システム論においてもおおきな影響をうけた。システムは環境の変化にたいして適応し、システム内の恒常性を維持するためのコントロール・メカニズムを発達させるとする考え方を、パーソンズは、これを社会システムに応用し、「境界維持システム」と捉え、「システム

が環境諸要因動に対して一定のパターンの恒常性を維持すること」と定義した（パーソンズ：1974, p.477）。直接的には、生理学者W.B.キャノンの提唱した「ホメオスタシス」原理（生物の生理的条件、たとえばヒトの体温は気温の変化によって上下するものの、一定の状態を保とうとするメカニズム）を社会システムに導入し、システムの恒常性を維持するメカニズムとして、社会統制と社会化の機能があてられた。システムが境界を維持することができるのは、システムが自らの機能要件を充足することによってである。環境変化に適応して、システムが解体してしまわないようにシステム内の秩序を維持するという「開放システム」として捉えなおされる。

このように、パーソンズは、社会を自己維持をめざす開放的な動的均衡システムとして捉え、この視点から、社会システムは外的環境の変化に適応しながらたえず構造分化を繰り返しながらより高度なシステムへと進化していくと主張している。①においては、内生的要因による社会システムの変動であったのに対し、②においては、外生的要因による変動をも視野に入れている。

E．パーソンズ後の社会システム論

パーソンズは、構造変動のないシステムを対象とするホメオスタシス原理を取り入れたために、社会システムが構造変動にいたるプロセスを充分に理論化できなかった。パーソンズに残された課題として、機能要件の充足状態を分析すること、すなわち機能要件が充足されているときには社会システムは安定的であるが、充足されないときに社会システムの変動が生じる、としてシステムの変動が主題となってくる。70年代以降、ホメオスタシスを越えるものとして「自己組織化」「オートポエシス

（自己生産）」「自己準拠」などの概念がシステム論に導入され、社会学に大きな影響を与えた。ルーマン（Niklas Luhmann）に代表されるパーソンズ理論を様々に受容した人たちによって、社会システムの構造変動、すなわち新しい社会構造の組織化過程が考察されてきた。富永は、社会学における社会システム論の変遷を「機能分析のモデル」→「相互依存分析のモデル」→「システム－環境分析のモデル」→「システム変動分析のモデル」と捉え、現在は「システム変動分析」（富永：1995, p.219）とよばれる。

　システムがもとの構造に戻ることによっては均衡（システムの機能的要件が充足されている状態）を達成することが出来ない場合、システムは新しい均衡を求めて構造変動の旅にさまよい出なければならず、そして新しい均衡は、さまざまな試行錯誤を経たのちに、より高次の機能的要件充足能力を実現するような構造が見出されたとき、もとの構造からその新しい構造に移行することによって成立する。

　このように社会変動とは、社会システムの変動であると定義される。それは、①社会システムの活動の水準の変化。②社会システムの構造の変化。③社会変動が社会システムの境界の変動をひきおこす場合があること。これらを確認しておこう。

　社会変動は、多くの場合、全体社会システムの変動を意味する。しかし、パーソンズのAGIL図式にみたように、このシステム変動モデルもまた、そのシステムのレベルの設定の仕方によって、およそシステムとして捉えられるあらゆるものに適応が可能であるとされている。

3 むすび

社会はその発生時から常に変動しつづけている。現代の社会は、それ以前の社会とは比べようもないほど、量的にも質的にも変動しつづけている。19世紀の社会理論に見られたような一元的な趨勢によってはもはやその変動を捉えることは不可能である。社会学者は、みずからの生きている時代を見据え、さまざまに社会を論じてきた。その生きた社会や時代によって実に多様である。そのような社会や時代の制約を受けながらも、今の社会の有り様を解明しようとする。そのために、現代社会がたどってきた筋道を探り、将来どのように変わっていくのかに強い関心を寄せる。直線的進化、発展段階説、循環論などに顕著にその傾向をみることができる。また、社会学者は、理想の社会を夢想する。自由な社会、平等な社会、豊かな社会、平和な社会、美しい社会など……。

残念ながら社会病理・社会問題を抱えていない社会は実現されていない。19世紀の理論には、それらを癒す処方箋、問題解決の方向が色濃くみられた。社会学のフィールドが拡大するにつれて、全体社会を対象にするよりも家族、都市、組織など限定された領域での変動過程の実証的な解明に向かった。その中から変動の趨勢として核家族化、少子化、高齢化、都市化、大衆化、合理化、民主化、情報化など◯◯化という言葉で示される社会の様々なレベルにおける変動が論じられている。

パーソンズにはじまる社会システム論は、社会システムの分析単位を行為に求め、行為の集積体として社会現象を解明しようとする。さらに、システム論が現象を要素間の相互連関によって説明するものであることから、社会現象の解明に社会システムという概念を用いることによって、19世紀の社会変動理論の特徴の一つである優越要因的思考を回避しようとするものである。

社会学における社会とは、国民社会全体を意味してきた。それを最大の社会システムとして、その構造、変動過程を理論化してきた。しかし、80年代からの世界の変動（グローバリゼーションとローカリゼーション）によって、社会の境界は揺らいでいる。EUやASEANにみられるように国民国家を超える社会の形成がはじまり、他方でエスニシティをめぐる社会紛争による国民国家より狭い社会の確立がめざされている。この相反する変動を前にして、社会学は、新たな課題に直面している。

【引用・参考文献】

●コント，A.『実証精神論』霧生和夫訳，世界の名著36，中央公論社，1970（原著，1844）.

●スペンサー，H.『進歩について―その法則と原因』清水礼子訳，　世界の名著36，中央公論社，1970（原著，1857）.

※コント、スペンサーに関しては参照が容易なものとして、『世界の名著』「コント・スペンサー」をあげるに留める。

●テンニース，F.『ゲマインシャフトとゲゼルシャフト』上下，杉之原寿一訳，岩波文庫，1957－58（原著，1887）.

●デュルケム，E.『社会分業論』田原音和訳，現代社会学体系2，青木書店，1971（原著，1893）.

●富永健一『社会変動の理論』岩波書店，1965.

●富永健一『社会学原理』岩波書店，1986.

●富永健一『行為と社会システムの理論』東京大学出版会，1995.

●富永健一『近代化の理論』講談社学術文庫，1996.

●友枝敏雄『モダンの終焉と秩序形成』有斐閣，1998.

●パーソンズ，T.『社会体系論』佐藤勉訳，現代社会学体系14，青木書店，1974（原著，1951）.

●パーソンズ，T.『社会類型―進化と比較』矢沢修次郎訳，至誠堂，1971（原著，1966）.

●パーソンズ，T.『近代社会の体系』井門富士夫訳，至誠堂，1977（原著，1971）.

●パーソンズ，T.＆スメルサー，N.J.『経済と社会』Ⅰ・Ⅱ，富永健一訳，岩波書店，1958－59（原著，1956）.

●フランク，A.G.『世界資本主義とラテンアメリカ』西川潤訳，岩波書店，1978（原著，1972）.

●フランク，A.G.『世界資本主義と低開発』大崎政治ほか訳，拓殖書房，1976（原著，1975）.

●マルクス，K.『経済学批判』遠藤湘吉ほか訳，岩波文庫，1956（原著，1859）.

●ロストウ，W.W.『経済成長の諸段階』木村健康ほか訳，ダイヤモンド社，1969（原著，1961）.

第 10 章

社会学の課題と歴史

石川秀志

1

ここでは社会学の歩みをコントをもってはじめる。
この時期を社会学の第一期とし、コント、スペンサー、マルクスが
代表的な人物としてあげられる。
この世代は、社会には全体的ないしは歴史的に
進歩する法則があると考え、それを論証しようとした。

2

19世紀の後半から20世紀の初頭にかけて、社会学の世界には、
ウェーバー、デュルケム、ジンメルといった社会学の歴史を代表する
三人の偉大な巨匠があらわれ、現代の社会に直接通じる
社会学のゆるぎない基礎を築いた。
この時期を第二期とする。

3

20世紀の半ば、社会学の中心地は
ヨーロッパからアメリカへと移行していくことになる。
この時期の中心点は、社会学の統一や
社会の体系化をめざしたパーソンズである。
彼の構造−機能主義の支配は1960年代の後半にゆらぎ、
象徴的相互作用をはじめ、社会学の多様化をもたらすきっかけとなった。

1　社会学の課題と歴史

本書の第1章以下によって明らかになっていることだが、例えば家族という集団一つをとってみても、その制度、役割、機能、構成、形態などの点で、歴史的にみても、地域的にみてもそれはさまざまな様相を呈しており、決して一様ではない。わが国の社会だけをとってみても、婚姻や相続制度や子育ての習慣などを含めて、まさに多様である。そして今われわれが生きている時代に、刻々と家族は変化しつつあり、これまでの定義では、おさえきれない複雑な内容をもつものとなってきている。家族は人間社会にとって基礎的社会集団であるという、これまで誰も疑わなかった命題さえも、ゆらぎ始めている。それはいかなる原因と条件によっているのか、今後はどのようになり、そのことについて社会学ではいかにあるべきだと考えるのかの答えを、どのように提起することができるのか。

実証科学としての社会学は、何よりもまず事実・現実はいかにあるかを明らかにすることに努める。そのために、他の隣接科学の知見もでき得る限り取り込みながら、事実相互の内的関連をあくことのない執念をもって追求する。それは、いかにあるべきか、いかになすべきかを問うことに先行して要求される学問的・専門的作業である。

しかし、社会学は事実だけを収集すればよいのではない。まず多様な事実、かたちのなかから類型化が行われ、異なった類型がなぜ生じ、その相互の間にはいかなる関連があるのか。そしてそれらは、どこからどこへいこうとするのか、そのダイナミズムは、いかなる要因によって決定されるのか。ここに社会学的抽象、社会的事実間の因果関係、さらに変化・変動の法則の発見へ、つまり社会学理論の構築へと向かうこととなる。その理論は同時に、次の新しい展開のための仮説となり、実証研究の道標をつくり、社会学的研究の発展を促していくことになる。

こうした学問的営為のなかで、社会学にとっては二つの課題が存在する。第一は、社会学が規範科学として、社会が社会として構成されるための要件、つまりあるべき秩序のかたちを求め、提起いていくことである。そして第二は、学問としての体系性、論理性、正しい抽象化を推し進めるとともに、現実性と現実的問題処理のための有効性をもつことである。これまで幾度か、「現実科学としての社会学たれ」との提唱が行われてきたが、それは生きた現実を対象とする社会学にとって基本的戦略命題といってよい。

2 第一期

A．成立期の社会学

1789年のフランス革命の余波のうちにあったフランスでは、それまでの王を頂点とする身分制社会が崩壊し、さまざまな勢力が争うなかで、いまだ安定した秩序は確立されていなかった。イギリス、ドイツといった他のヨーロッパの国々も、この時期、同様の市民革命の波にさらされていた。さらに18世紀後半イギリスにはじまり、19世紀には欧米全体にひろがった産業革命の波は、伝統的な農村社会を都市を中心とした工業社会へとおしやり、さらには労働者の生活条件の問題や都市の環境問題を生み出しつつあった。

このような大きな社会変動の時代にあって注目されるのは、コント（Auguste Comte）とイギリスのスペンサー（Herbert Spencer）である。「予見せんがために見る」という言葉にもあるように、コントは、社会のなかに息づくさまざまな法則性を、実証的・科学的な観点から析出し、それを実践的な指針の導出に役立てようとした。コントは社会学を「社会静学」と「社会動学」に区分して考えている。前者の社会静学は、社会の基本的な秩序や構造のあり方を研究するものであり、後者の社会動学は、社会の連続的な変動の法則性を探究するものである。そしてこの社会動学の中心をなすのが「三段階の法則」である。

コントによれば、人間の精神は、神学的、形而上学的、実証的という三つの段階を経て進歩していき、それぞれの発展段階に即した社会秩序がそのつど形作られると考えた。神のような超自然の概念でもなく、抽象的な思弁でもない、経験的に確証された事実に基づきながら、それらを論理的に体系化する段階へと、歩みを進めていくものとコントは見ていた。コントは、ヨーロッパ社会の無政府状態を終わらせる新しい社会秩序の樹立を考え、自然界に関する知が既に実証的段階に到達しているにもかかわらず、社会に関する知がいまだ形而上学的段階にとどまっていることが、精神の無政府状態を生じさせているとみた。そこで必用になってくるのが、社会に関する実証的な知であり、最終的にこの実証的段階に到達するのが社会学であり、社会学は諸学の王たる位置を占めるものである、とコントはいう。

他方、スペンサーは、いわゆる「社会有機体論」の立場から、社会を生物有機体と類似した性質を持つものとしてとらえた。そして、人体や社会のような「異なった役割をはたす部分部分が緊密に結合することで成立している全体的なまとまり」をシステムと名づけ、後の社会システム論にも通じていく考え方を提示した。さらに、当時、最先端の学説であったダーウィンの進化論の影響をうけて、スペンサーは、社会もまた、生物と同じように進化の過程をたどるとする「社会進化論」を唱えた。

そして、社会の進化の１つの様相としてスペンサーがあげたのが、「軍事型社会」から「産業型社会」への移行である。

軍事型社会が、武力を背景とした中央集権的統制によって強制的に諸個人を従属させる社会であるのに対して、産業化が進行した産業型社会では、国家の干渉は最小限におさえられ、諸個人は自由に産業を営み、自発的に協力するようになる。つまり、個人がこの社会で成功を勝ちとりたいならば、強い自意識をもって成功の仕組みを理解し、臨機応変な行動を身につけるという、「適者生存」の個人主義こそふさわしいのである。スペンサーは、強制的協同から抜け出して勝ち抜いた個人の自発的に協同する社会こそもっとも理想とすべきであると信じていた。

次に19世紀の思想家として、現代社会学にも巨大な影響をあたえているのが、マルクス（Karl Marx）であり、マルクス主義の社会観・歴史観のキー・コンセプトは唯物史観と呼ばれる。彼は、唯物史観の立場から、生産諸関係の総体である経済的構造が、社会を構成する「土台」となり、人間のものの考え方や感じ方、法律や国家のあり方などの「上部構造」を規定すると考えた。そしてこの土台の中軸となるのが支配階級と被支配階級の階級関係であり、人類の歴史は、「階級闘争」によって駆動されていく。したがって、生産力と古い階級関係の矛盾が増大すると、新しい支配階級と古い支配階級のあいだに階級闘争が生まれ、前者が後者を打倒して新しい生産関係を樹立し、それにあわせて新しい上部構造が形成されてゆく。「人類の歴史は階級闘争の歴史」は、彼の有名な言葉である。

3 第二期

A．社会学の三人の巨匠

コントやスペンサーの社会学は、社会学の成立を告げるものではあったが、彼らの社会学が「総合社会学」と称されることがあることからも分かるように、彼らの思想を全体としてみると、諸学を包括する百科全書的な性格の強いものであり、社会学はその哲学体系の一部をなすものであるにすぎなかった。

これに対して、19世紀の後半から20世紀の初頭にかけて、社会学の世界には、ウェーバー、デュルケム、ジンメルといった社会学の歴史を代表する三人の偉大な巨匠があらわれ、現代の社会に直接通じる社会学のゆるぎない基礎を築いた。

ウェーバーはドイツ、デュルケムはフランスと国は異なるものの、同時代のヨーロッパにあって、勃興しつつある近代社会の問題の根源を洗い出そうとしたのが、彼らの社会学である。

ウェーバー（Max Weber）の社会学は、近代社会の根幹をなす合理主義の精神、またそれが生み出した文化や秩序を歴史的観点から対象化したものであった。学問のやり方を考える学問、それを方法論と呼ぶが、ウェーバーの「価値自由」という概念がそれである。学問をやるのは何らかの問題関心があってのことだが、どんな問題関心にもその背後には何らかの価値観がある。だから客観的にものごとをみるためには、その価値観に引きずられて主観的にならないよう、自分の価値観を自覚し、それから自由になるよう努力しなければならないのである。

こうした方法論の立場から、ウェーバーは、主に『宗教社会学論集』、『経済と社会』などの業績を生み出していく。前者には『プロテスタンティズムの倫理と資本主義の精神』が含まれている。現代社会のいちばん大きな制度的骨組みである資本主義は、どうやって生まれたのか。諸説あるうち、最も有名なのがウェーバーのプロテスタンティズム起源説であり、神以外のものへの愛着、具体的には物欲や快楽を徹底的に否定する被造物神化と、職業は神が人間に与えた命令であるから寝る間も惜しんで働くという職業召命説をセットにした現世内禁欲の考えが示されている。

後者においては、「理解社会学」という、ウェーバーの基本的な立場が示されている。彼の立場は社会唯名論に近く、人間のひとつひとつの行為こそ社会の最小の単位にほかならないと考えた。ひとりひとりの行為が結び合わさってジンメルのいう心的相互作用が生まれ、心的相互作用が無数に連結して社会ができあがる。だから、社会学は行為を理解するところからはじまるというわけである。

こうした立場から、ウェーバーは、いわば合理化過程の類型学ともいうべき、理念型を提示していく。それは、伝統的行為、感情的行為、目的合理的行為、価値合理的行為という行為の四類型にはじまり、伝統的支配、カリスマ的支配、合法的支配といった支配の三類型へと展開されていく。

そして、この合法的支配がとる典型的な形態として、ウェーバーがあげたのが、「官僚制」であった。官僚制は、合理的な規則にそって、複雑な組織を合理的に管理・運営する体系である。ウェーバーは、あらゆる組織に浸透しつつある官僚制が、一方で組織を精密な機械のように動かすと同時に、他方で、そこで働く人々を機械の歯車のような存在にしていくと論じた。さらに彼は、この形式的な合理化の進展をきわめて否定的にとらえ、全面的官僚制化の結果、その影響が人類全体の未来にまでおよぶことを憂慮したのである。

他方、デュルケム（Emile Durkheim）の社会学は、産業化の進展にともなう個人化の進展、また、欲求の無規制状態である「アノミー」の進行に対して、いかなるかたちで人々の連帯、社会の道徳的秩序を再建していくかという点に、近代社会の問題性を見いだすものであった。方法論に関するデュルケムの考え方は、その著書『社会学的方法の規準』においてしめされている。

社会には、暗黙のうちに人間たちを拘束する力があり、この力とは、どんな個人にも還元できないものである。デュルケムは、この力を人間の主観から独立して客観的に存在する自然界の物質にたとえた。そして彼は、眼にはみえないがまるで物のようにたしかに存在する社会こそ、社会学の固有の研究対象だとしたのである。

こうしたデュルケムの姿勢がよく現れているのが『自殺論』である。この書において、デュルケムは、人々が自殺する要因を個々人の心理にではなく、個々人に外部から影響を与える社会的事実に求め、それを集合意識という概念で説明しようとした。集合意識とは、同じ社会の成員が共有している価値観や感情の総体のことであり、このありようによっては、自殺がおこりやすくなり、自殺の潮流が出現することになるというわけである。当時の統計をみると、たとえば、カトリシズムの信者よりも、プロテスタンティズムの信者において、自殺率が非常に高いことがわかる。これは、カトリシズムが教会という「集団」を中心とする宗教であるのに対して、プロテスタンティズムは聖書を中心とした「個人」と神とのつながりを重視する宗教であることに由来する。デュルケムは、ここに近代個人主義の源流があり、プロテスタント圏では個人主義が強調されるため、社会的な連帯感が希薄になることに着目する。家族・地域・職業といった他の統計資料にも目配りした後、デュルケムは、個人が所属している社会集団の凝集性（統合度の強さ）に反比例するかたちで自殺率は増減する、という結論を導き出す。自殺へと向かう人々の動機は多様であろうが、個人をとりまく社会関係の状況が個人の自殺を抑止したり、逆に促進したりする方向で影響を与えている、というのがデュルケムの主張である。

『自殺論』において、デュルケムは、自分を認めてくれる他者との関係が希薄化し、自らの生の方向性を見失ってしまうことを背景とする自殺（自己本位的自殺）、また、社会的規制を解かれた個々人の欲求が肥大化するが決して満たされないという状況からくる焦燥感や幻滅感を背景とする自殺（アノミー的自殺）について論じている。

デュルケムは、近代化にともなう社会的分業の進展にともなって、人々の関係のあり方が、相互に類似した諸個人が結合した「機械的連帯」から、異質の諸機能を担った諸個人が分業に基づく特定の関係で結ばれる「有機的連帯」へと移行していくと見ていた。しかし、こうした分業の進展は、場合によっては、過度の個人化をもたらし、人々の連帯を逆に希薄化させ、アノミー状態の温床をつくり出すのである。デュルケムは、ここに近代社会の根本的な問題性を見いだし、新たな連帯のあり方、それを支える新たな道徳の必要性を説いたのである。

さて、ウェーバー、デュルケムとならぶ巨匠として、ドイツのジンメルの名もあげておかなければならない。彼は、社会学者であると同時に哲学者でもあり、哲学においては「生の哲学」という流れの代表者、社会学においては「形式社会学」の創始者として知られている。ジンメルは、社会学は特殊「社会的なもの」を研究対象とする専門的学問とならねばならないと主張した。つまりは、ジンメルによれば、社会の本質は心的相互作用にあり、人間たちが頭のなかでいろいろ考えながらお互いにかかわりをもつというところにある。

ジンメル（Georg Simmel）はデュルケム流の社会実在論のように、個人を超えたところに社会の実態を見いだすのではなく、個人間の「相互作用」を対象とする。逆をいえばこれは、ウェーバー流の、社会現象を個人に還元する社会唯名論とも距離をおく立場である。そして、このような相互作用のとる「形式」、たとえば内容面ではきわめて多様な心的相互作用のうちにある上位と下位、競争、模倣、分業、内部と外部の区別といった共通の形式を研究するところに社会学独自の存在意義があると考え、こうした考えを「形式社会学」と呼んだ。

B．社会学者の時代診断

ウェーバー、デュルケム、ジンメルらがほぼ同時にこの世をさったころ、世界は第二次世界大戦へと徐々に巻き込まれていくことになる。第二次世界大戦下のドイツにおいては、ヒトラーが政権を握り、約600万人ともいわれるユダヤ人の大量虐殺などの惨事がもたらされた。

当時、ドイツにいたユダヤ系の社会学者たちの多くは、ヒトラーによる弾圧を逃れて、アメリカやイギリスへと亡命することを強いられた。彼らの多くは、自らの亡命という私的運命を生み出す要因となったナチズムを社会学的にとらえかえすという作業に向かった。

知識社会学の確立者として知られ、イギリスへと亡命したマンハイム（Karl Mannheim）は、近代社会の構造そのものの変化のなかに、大衆化という現象を見出した。近代社会においては、基本的民主化が進行し、また、社会の隅々に「機能的合理性」、すなわち特定の目標が最も効率よく達成されるように手段が配置されている状態が浸透していく。しかし、そうしたなかで、集団的紐帯、そしてまた、全体の相互関連を見通す「実質的合理性」は失われていき、精神的な抵抗力を失った「甲羅のない蟹」のような人々、つまり大衆が増殖しているとマンハイムは見る。

こうした土壌の上に、大衆動員のための社会的技術を駆使して独裁体制を築いたのがナチスだった。ただし同じ土壌は、ドイツ以外の近代社会においてもすでに広がっていたのである。

アメリカへと亡命したフロム（Erich Fromm）は、その著書『自由からの逃走』（1941）において、ヒトラーの台頭に対して、人々が、なぜ自由を求めて戦うのではなく、自由から逃れ、支配に服従する道を選んだのかを問う。フロムは、その答えを当時のドイツの下層中産階級に典型的なかたちで見られた「社会的性格」に求めた。

第一次世界大戦での敗戦、さらに君主制の崩壊は、人々に伝統的な権威の拘束からの自由をもたらした。この近代的な人間関係の確立は、個人に安定を与えると同時に個人を束縛していた第一次的絆から個人を自由にした。しかし、結果として「個人を孤独に陥れ、自由の重荷から逃れて新しい依存と従属を求める」ことになった。こうして人々は、自分より上位の者に対する服従、自分より下位の者に対する軽蔑によって特徴づけられる社会的性格、「権威主義的パーソナリティ」を共有する大衆と化す。そして、この大衆の性格を的確にとらえ、彼らを操縦したのが、ヒトラーにほかならなかったのである。

さて、マンハイムやフロムが、ナチズムの分析を介して指摘した近代社会の大衆化の問題は、第二次世界大戦後の、1950年代のアメリカにおいても、議論の一つの焦点となる。

たとえば、ミルズ（Charles Wright Mills）はその著書『パワー・エリート』（1956）において、アメリカ社会における権力の中央集権化について論じている。

ふつうアメリカは世界で最も民主的な社会であり、コーンハウザー（William Alan Kornhauser）の言葉でいえば多元的社会の典型のように思われているが、アメリカ社会の実証的な階級分析を行ったミルズは、じつはアメリカ社会はひと握りのエリートが牛耳る階級社会に過ぎないことを主張した。

ミルズによれば、アメリカ社会において、巨大化した企業と軍隊と国家の制度的秩序の頂点に立つ経営者・高級軍人・政治家のパワー・エリートによって社会が操られる一方で、日常的な生活の享受やマスコミの情報に翻弄される大衆の存在が指摘される。そして、このパワー・エリートと家族や小規模な地域社会を媒介し、個々人の意志を政治的決定に反映させる役割を果たす「中間集団」は、近代化のなかで、全国的な組織として成長し、また近代国家は中間集団の機能を吸収し、これらの中間集団は衰退をみせる。このような状況にあって人々は、マスメディアを介した討論によって世論を形成する「公衆」というよりむしろ、マスメディアからの情報をただ受け取るだけの「大衆」と化している。そもそも、このマスメディア自体がパワー・エリートによって先導されているとミルズは述べる。

また、リースマン（David Riesman）は、その著書『孤独な群衆』（1950）において、「伝統指向型」、「内部指向型」、「他人指向型」という3つの性格類型を提示する。これらの類型は、そもそも社会が成立するためには、個人が何らかの仕方で社会に同調している必要があるという考え方のもとに、その同調性の様式の相違に注目して設定された理念型である。

伝統指向型の場合、伝統的な価値規範を自分のよりどころとして特定の集団の伝統に従うことによって同調性が保証される。前近代の社会ではこれが圧倒的に優勢であった。近代になって、個人に対する村落共同体の拘束力が弱まると、自分で自分の生き方を決定しなければならないので、確固たる信念をもってつき進む独立独歩の人間が優勢になる。これが内部指向型である。これに対して、現代社会に広がりつつある他人指向型では、外部にいる他者の期待や好みに敏感であることによって同調性を保証される。この他人指向型は企業や官庁のサラリーマン層に典型的に見られるが、彼らが外部から受け取る情報は極めて多く、その変化は激しい。それゆえ、彼らはいつも「茫漠たる不安」を持っている。彼らは、群衆のなかにあっても孤独なのである。そうであるがゆえに、彼らは時として、特定の集団に過剰に同調することになる。

4 第三期

A．アメリカ社会学の展開

20世紀の半ば、社会学の中心地はヨーロッパからアメリカへと移行していくことになる。もちろん、アメリカ社会学の胎動は、それ以前に始まっていた。19世紀後半、当時のシカゴ大学では、「アイとミー」・「一般化された他者」といった概念を用いて社会的自我の理論の基礎を築いたミード（George Herbert Mead）が哲学を講じていた。そして20世紀初頭には、スペンサーの社会進化論の影響を強く受けたサムナー（William Graham Sumner）が民習（フォークウェイズ）について論じた書物を著していたし、クーリー（Charles Horton Cooley）も、「鏡に映った自己」の概念や「第一次集団」などに関する社会集団論を展開していた。そして第一次世界大戦後、シカゴ大学からまったく新しいタイプの社会学が発信されることになる。それは当時、ヨーロッパからの移民が流入し、急速に都市化が進行しつつあったシカゴにあって、経験的な調査を通じて都市の社会問題の実体を明らかにしていこうとする社会学者たち、「シカゴ学派」と呼ばれるパーク（Robert Ezla Park）、バージェス（Ernest Watson Burgess）、ワース（Louis Wirth）などが、シカゴ大学を拠点として活躍していたからである。

しかし、1930年代になると、当時新設されたハーバード大学社会学部を拠点として活動するパーソンズ理論が、大きな影響を及ぼすようになる。パーソンズの理論は、20世紀半ばの世界の社会学を牽引する存在となる。

その著書『社会的行為の構造』（1937）において、デュルケムやウェーバー理論を検討しながら新たな行為理論の方向性を示したパーソンズ（Talcott Parsons）は、『行為の総合理論をめざして』（1951）、とりわけ『社会行為論』（1951）において、自らの「社会システム論」の立場を定式化するに至る。

パーソンズは、社会もまた、「社会システム」として把握することができると考えた。パーソンズはウェーバーの行為の概念を継承して、社会を行為のシステムととらえた。行為システムは行動有機体システム、パーソナリティ・システム、社会システム、文化システムという他に還元することのできない四つのシステムからなる。つまり、身体、個人、社会、文化は、どれも相互に深い関係にあるが、基本的にはそれぞれ固有のシステムを形成しているということである。例えば、社会は個人に還元できないとしたデュルケムの説は、個人と社会を異なったシステムと見るところに生かされ、身体、個人、社会、文化をいずれもシステムと見るところに社会有機体説の飛躍的な発展がある。システムは他のシステムや自然界を環境としながら、自己を存続・発展させるために、内部のしくみを築き、つくり変えてゆく。パーソンズは、システムがみずからを存続・発展させてゆくのに必要なことがらを機能要件とよび、それを遂行するためのしくみ、あるいはシステム要素の配置状態を構造と呼ぶ。そこで、行為システム全体、また各システム内部の構造と機能を明らかにすることが社会学の仕事ということになるのである。

また、ハーバード大学のパーソンズのもとで学び、パーソンズとともに当時のアメリカ社会学を代表する存在となる社会学者として、マートンがいる。マートン（Robert King Merton）は、機能の概念を精緻化することをめざし、「順機能」と「逆機能」、また「顕在的機能」と「潜在的機能」という区別を導入した。

順機能とはシステムの存続にとってプラスのはたらきをする作用のことを意味し、マイナスのはたらきをする作用が逆機能である。さらにプラスのはたらきであれマイナスのはたらきであれ、行為の当事者にその存在が知られている機能が顕在的機能、まだ当事者あるいはだれにも知られていない機能が潜在的機能である。

たとえば、新空港建設や円高の機能は、順・逆いずれもよく知られているので、顕在的機能ということになる。

他にも、マートンは、「中範囲の理論」を提唱し、「自己成就的予言」、「準拠集団」などの優れた理論的枠組みをも提示している。

しかしながら、1960年代になると、隆盛をきわめたシステム理論の影響力にも翳りが見えはじめる。代わって「意味学派」と総称されるいくつかの流派が、パーソンズのシステム理論を批判しつつ台頭してくる。こうした諸流派が共通して注目したのが、ヒトラーによる迫害を逃れ、オーストリアからアメリカへ亡命してきたシュッツの哲学・社会学であった。

シュッツ（Alfred Schutz）は、フッサールの現象学の影響を受け、「生活世界」を焦点とする社会学の必要性を説いた(このことから、シュッツの社会学は「現象学的社会学」とも呼ばれる)。生活世界とは、文字通り私たちによって生きられている日常生活世界である。日常生活世界は、ふだん自明のこととして受け入れられており、その存在そのものに疑念を向けられることはない。しかし、さまざまな科学的・学問的認識の根底にあるのはまさしくこの生活世界であり、まずは生活世界そのものの存立構造を問い返す必用があるとシュッツは考えた。シュッツは日常生活世界の構成を問う社会的世界観、また、日常生活世界をも包み込む「多元的現実」の理論を展開していく。

こうした理論を受け、パーソンズのように「研究者」の立場から社会的実在に関する一般理論を構築するのではなく、むしろ個々の「行為者」の立場から、その相互作用のあり方や状況への意味付与、意味解釈のあり方を、具体的な生活の様相に即して明らかにしていくべきだとするいくつかの考え方が生まれてきた。

たとえば、日常生活のなかであたりまえのこととされる会話やふるまいが、エスノメソッド（人々の方法）を通じてそのつど構築されているものと考える。そして、このエスノメソッドを丹念に記述していくことが意図されるという、エスノメソドロジーは1960年代にガーフィンケル（Harold Garfinkel）が社会の成員によって自明視されている常識的知識を可視化するために考案した、会話のなかであたりまえの言葉の意見をわざと聞き返したり、自宅で下宿のようにふるまったりする数々の「違背実験」とよばれる実験によって広く知られるようになったものである。

また、ブルーマー（Herbert George Blumer）を創始者とするシンボリック相互作用論においては、人間は、言語に代表されるシンボルを媒介とした社会的相互作用のなかから生み出されてくる、ものごとの「意味」に基づいて行為すると考える。われわれは言葉をつかって会話する。言葉はもともと音の集合体にすぎない。だが、人の言葉はただの音ではなく、何らかの意味をもったものとして聞こえるはずである。言葉が発せられた瞬間、われわれはそこから意味を理解するのである。だとすれば、会話は音声記号をつかって行われる意味のやりとりだということになる。なぜそんなことが可能かと言えば、ある音の組み合わせとある意味とがセットになってコード化されており、同一のコードにもとづいて話し手は意味を音声記号に変え、聞き手は音声記号を意味に転換しているからである。会話をモデルにして、人間の相互作用を記号と意味のやりとりとしてみてみようというのが、シンボリック相互作用論の基本的な考え方であり、こうした社会的相互作用の動態や行為者の意味解釈の様相を、具体的な場面に即してとらえることが意図されたのである。

また、ゴッフマン（Erving Goffman）も、独自の視点から「ドラマトゥルギー」、演劇論的アプローチを展開する。日常生活の相互行為は、演技者である行為者が、観客である他者の視線を意識しつつ、その前で演じてみせるパフォーマンスと理解できる、とゴッフマンは考えた。行為者は、演技を通じての自己呈示によって、自分に対する他者の印象を管理する「印象操作」を行う。知らず知らずのうちにであれ、意図的にであれ、印象操作をしているとき、ひとの行為はいくぶんかの演技性を帯びてパフォーマンス化し、行為者は演技者に近づいてくる。これはしかし、だれかひとりではなく、相互作用の当事者の多くがやっているわけだから、相互作用の全体がドラマ化し、相互作用の場は舞台と化してくるというのである。このようにして、そのつど構成される相互行為秩序、またそこではたらく相互行為儀礼を記述していくことが、ゴッフマンの社会学の課題となっている。

B．現代社会学の潮流

1960年代以降、アメリカ社会学において顕在化してきた以上のような理論的対立を、マクロ・アプローチとミクロ・アプローチの対立というかたちで整理することができるだろう。マクロ・アプローチは、全体としての社会や集合体はその構成要素には還元できない性質を持つという立場から、社会や集合体を全体として分析することを出発点とする立場である。パーソンズの社会システム論がこの立場に属する。また、さかのぼれば、デュルケムの社会実在論的な立場や、コントやスペンサーの社会有機体論もこの系譜に属するものといえる。

他方、ミクロ・アプローチは、個々人の行為や相互行為を分析することを出発点とする立場である。シュッツに連なる意味学派がこの立場に属する。また、さかのぼれば、ウェーバーの社会唯名論的な立場や、ジンメルの社会学もこの系譜に属するものといえる。

ただ、こうした理論的対立は、どちらかが正しくてどちらかが誤っているというような、排他的な対立ととらえるべきものではない。両者の対立はむしろ、分析の出発点をどこにとるかということに由来している。入口は異なっていても、両者とも、めざしているのは、個人の行為のあり方と社会全体のあり方を結ぶリンクを見いだすことである。

そして、20世紀後半から現在に至る現代社会学の潮流においても理論的考察の焦点になったのは、このリンク、「ミクローマクロリンク」をどのようなかたちでとらえ、またそれを、現実の社会へとどのようにフィードバックしていけばよいかという問題であった。

たとえば、フランスの思想家、フーコー（Michel Foucault）の諸著作は現代の社会学にも大きな影響をあたえている。その著書『監獄の誕生』（1975）において、刑罰の形態が、近代社会成立にともなって、身体刑から監禁刑へ変化していくことに注目した。監禁刑といっても服役囚はただ自由を奪われるだけで、ぶらぶらしていればいいというものではない。細かく日課が設定され規則正しい毎日を送らなければならない。いわば義務教育のやり直しである。その背後には、犯罪そのものを罰するというよりは、犯罪をおかした人格を内面からつくり変え、規律にのっとって正しく行動できる「真人間」にしようという配慮がある。だが、この配慮は同時に、自己の設定した規律に人々を内面から従わせ、従わない者は徹底的に排除しようとする国家権力の意志でもある、とフーコーは考えた。

そして、こうした変化のうちに、匿名的かつ偏在的な監視と、そこに自発的に従属していく主体性の成立という、近代的権力の象徴的な姿を見いだした。フーコーのこうした視点は、日常生活のなにげないふるまいや言動のなかに、微細な権力の作用を読み取ろうとする社会学のアプローチと結びついていくことになる。

さらにドイツでは、ルーマン（Niklas Luhmann）がパーソンズの後継者として、社会システム論を新たな視角から再構築した。ルーマンは個人や社会構造から出発するのではなく、一つのコミュニケーションが他のコミュニケーションへと接続し、コミュニケーションを再生産させていく動きこそが社会システムであると考えた。彼の業績はまことに多方面におよぶが、その中心は社会システム論の革新にある。現象学的視点を取り込むことによって意味学派の理論と社会システム論を接合させ、さらには大著『社会システム理論』（1984）では、オートポイエーシスという概念をもちいて「自己組織性」という新しい観点を社会システム論に導入した。

　また、マルクス主義の系譜につらなるフランクフルト学派第二世代に属するドイツの思想家・社会学者、ハーバマス（Jürgen Habermas）は、現代のフランクフルト学派を代表する論客で、膨大な著作を残したが、中心は「近代は未完のプロジェクト」という文明論的展望で、それを実現するために、コミュニケーション的合理性という新しい合理性の成立根拠を探求し、コミュニケーション概念を機軸として批判的な社会理論を展開した。主著『コミュニケーション的行為の理論』（1981）において、ハーバマスは、コミュニケーション的行為による了解や合意を基調とする生活世界が、道徳的・戦略的行為による管理や操作を基調とするシステムによって「植民地化」され、結果としてコミュニケーションが体系的に歪められているという点に、現代社会の問題性を見いだした。

　さらに、フランスの社会学者、ブルデュー（Pierre Bourdieu）は、『再生産』（1970）、『ディスタンクシオン』（1979）などの著作を通じて、現代社会を鋭く分析している。マルクス主義の影響が強く、「ハビトゥス」や「文化資本」をキー・コンセプトにして、階級の再生産過程を文化様式の再生産過程と結びつけ、土台と上部構造の相互関係を解明しようとしている。彼は、個々人の行為と社会構造を媒介する位置にあり、持続的かつ自動的に個々人のうちで作用する、社会的にうえつけられた性向を「ハビトゥス」と呼ぶ。そして、たとえば、教育という場においても、このハビトゥスの階級間の差異に由来する文化資本の不平等が、見えにくいかたちで再生産されているとする「文化的再生産」論、また、「象徴的暴力」の理論を説いた。

【引用・参考文献】

●ウェーバー『プロテスタンティズムの倫理と資本主義の精神』上・下，梶山力・大塚久雄訳，岩波文庫，1989（原著，1904－1905/1920）.
●小林修一編『社会学』社会福祉選書15，建帛社，2003.
●デュルケム『社会学的方法の規準』宮島喬訳，岩波文庫，1978（原著，1895）.
●デュルケム『自殺論』宮島喬訳，中央文庫，1985（原著，1897）.
●パーソンズ『社会体系論』佐藤勉訳，青木書店，1974（原著，1951）.
●福祉士養成講座編集委員会編『社会学』社会福祉士養成講座，中央法規出版，2005.
●フロム『自由からの逃走』日高六郎訳，現代社会科学叢書，創元社，1988（原著，1941）.
●マートン『社会理論と機能分析』森東吾・森好夫・金沢実訳，青木書店，1980.
●マンハイム『変革期における人間と社会』上・下，福武直訳，みすず書房，1953（原著，1940）.
●ミルズ『パワー・エリート』鵜飼信成・綿貫譲治訳，東京大学出版会，1958（原著，1956）.
●ミルズ『社会学的想像力』鈴木広訳，紀伊國屋書店，1995（原著，1959）.
●森下伸也『社会学がわかる辞典』日本実業出版社，2001.
●リースマン『孤独な群衆』加藤秀俊訳，みすず書房，1964（原著，1950）.

事項・人名索引

【ア行】

【カ行】

【サ行】

【タ行】

【ナ行】

【ハ行】

【マ行】

【ヤ行】

【ラ行】

【ワ行】

●執筆者紹介

久門道利（くもん　みちとし）
●日本福祉教育専門学校副校長

小原昌穹（おばら　まさひろ）
●日本大学教授

齊藤幹雄（さいとう　みきお）
●東北福祉大学教授

杉座秀親（すぎざ　ひでちか）
●尚絅学院大学教授

石川秀志（いしかわ　しゅうじ）
●日本福祉教育専門学校専任講師

宮島直丈（みやじま　なおたけ）
●道灌山学園保育福祉専門学校専任講師

菊池真弓（きくち　まゆみ）
●いわき明星大学准教授

●協力

前田忠厚（まえだ　ただあつ）
●前田忠厚アトリエ主宰

スタートライン現代社会の諸相——社会学の視点

平成20年4月15日　初版1刷発行

編　者　久門道利・小原昌穹・齊藤幹雄・杉座秀親
　　　　石川秀志・宮島直丈・菊池真弓

発行者　鯉渕友南

発行所　株式会社 弘文堂　101-0062 東京都千代田区神田駿河台1の7
TEL 03(3294)4801　振替 00120-6-53909
http://www.koubundou.co.jp

装　幀　笠井亞子

印　刷　図書印刷

製　本　井上製本所

ISBN978-4-335-55118-5